ROBERT 1974

MANUEL

DU

FASHIONABLE.

DE L'IMPRIMERIE DE PIHAN DELAFOREST

MANUEL

DU

FASHIONABLE,

OU

GUIDE DE L'ÉLÉGANT;

Par Eugène R.....x.

> . . . ; . . . C'est l'art de vivre.
> PROLÉGOM., page 11.

PARIS,

AUDOT, LIBRAIRE-ÉDITEUR,

RUE DES MAÇONS-SORBONNE, Nᵒ 11.

1829.

TABLE
DES MATIÈRES.

———

6   TABLE DES MATIÈRES.

FIN DE LA TABLE DES MATIÈRES.

PROLÉGOMÈNES.

Il est peu d'ouvrages d'une importance aussi haute, d'une utilité aussi générale que celui que j'offre au public.

Il n'est pas aussi facile qu'on se l'imagine, d'être un *homme comme il faut;* ce but des efforts de tout homme qui apporte dans le monde une ame élevée, une noble ambition, ce but est devenu plus inaccessible à mesure que la civilisation s'est développée. Plus nous avançons, plus les conditions nécessaires pour y parvenir se multiplient, et bientôt, à moins d'une de ces révolutions qui repoussent violemment les générations en arrière; bientôt, dis-je, il ne faudra pas moins que toute la vie pour connaître à fond l'art difficile d'être un *homme comme il faut.*

Jusqu'au siècle dernier, la chose n'é-

tait pas si malaisée : la nature ou le hasard faisait pour vous les trois quarts
de la besogne ; l'élégance du costume et
la grace des manières appartenaient exclusivement aux classes privilégiées ; un
parchemin blasonné était une condition
nécessaire pour être *fashionable ;* chaque *classe* avait son costume, ses mœurs,
ses habitudes. Malheur à qui sortait de la
sienne ! exclu de sa tribu sans être ad-
mis pour cela dans aucune autre, ce n'é-
tait plus qu'un *paria* errant à travers la
société.

Avec la révolution disparut cet ordre
de choses. Mais si d'un côté toutes les
carrières étaient devenues accessibles à
tout le monde, d'un autre celle du bon
ton demeura fermée par la force même des
évènemens ; toutes les bonnes traditions
avaient émigré ; à leur place on ne vit
régner pendant plusieurs années que des
mœurs brutales, des modes sans élégance, souvent même sans propreté ; la
plus étrange grossièreté dans les manières et dans le langage. Avec la mo-
narchie, l'empire des femmes avait cessé.

La France était devenue barbare. Je ne crains pas de le dire, tant de crimes atroces n'ont ensanglanté notre révolution que parce que la mode, exilée par la faction *sans-culotte*, nous avait laissés en proie à la plus dévorante anarchie.

Après de longues et violentes secousses, le sol de la France se rassit enfin; la nation releva peu à peu tous les autels sur lesquels elle avait autrefois sacrifié : le premier qu'on réédifia fut celui de la mode; mais soit vengeance de la déesse, soit qu'elle-même eût éprouvé le contre-coup de ces terribles commotions, toutes ses lois ne se distinguèrent d'abord que par leur bizarrerie, j'oserais presque dire leur absurdité. La naissance alors était un titre de proscription; la richesse lui avait succédé; mais elle était loin de remplir sa place. Cependant, à cette époque, il fallait avant tout être riche pour être un *homme comme il faut*.

Plus tard, d'autres conditions devinrent nécessaires; d'autres divinités, la force des armes, la puissance du génie présidèrent à nos destinées; c'était alors à nos

1.

guerriers qu'il était donné d'attirer les
yeux et le cœur de nos belles, et d'impri-
mer le mouvement à nos salons. Mais ces
fashionables de fortune se ressentaient
toujours plus ou moins de leur origine ;
leur grace était parfois un peu cavalière,
et les souvenirs du bivouac les poursui-
vaient souvent jusque sous les lambris
dorés de la capitale.

Tout cela maintenant est changé. Les
grandes familles rentrées avec la paix
nous ont ramené leurs anciens usages ;
de ces usages modifiés par ceux de la ré-
publique et de l'empire s'est bientôt formé un *droit public* tout nouveau. Il ne
faut aujourd'hui, pour être un *homme
comme il faut*, un *fashionable ;* il ne faut
avoir précisément ni richesse, ni naissance, ni talens, ni gloire, et cependant
il faut posséder un *je ne sais quoi* com-
posé de tous ces élémens.

Ceci n'est pas clair, dites-vous ? Soit....
si vous l'aviez déja compris, je n'aurais
pas besoin, pour vous l'expliquer, de faire
un livre.

L'art du *fashionable* s'applique à toutes

les actions, à tous les momens de la vie :
c'est l'art de s'habiller, de manger, de
marcher, de parler, d'aimer, de dormir...
en un mot, c'est l'art de vivre.

Dans toutes les affaires, soit privées,
soit publiques, pour réussir il faut persuader ; pour persuader il faut plaire.
Mon ouvrage sera donc également utile
à l'artiste et à l'homme d'affaires, au savant et à l'homme d'état...

Sous notre régime constitutionnel, et
avec les nouvelles mœurs qu'il nous a
créés , ce manuel était indispensable.
J'estime donc avoir rempli la tâche d'un
bon citoyen en livrant au public ce résul-
tat de mes recherches et de mes méditations. S'il en est satisfait , je serai payé
au-delà de mes peines ; si mes forces paraissent hors de proportion avec la grandeur de ma tâche, un autre me succédera
qui sera plus heureux ou plus habile ;
mais moi

J'aurai du moins l'honneur de l'avoir entrepris.

MANUEL

DU

FASHIONABLE.

CHAPITRE I.

LA MODE.— LE ROUÉ.— LE FAT.— LE *DAN-DY*.— L'HOMME DU MONDE.— L'HOMME A LA MODE. — LE *FASHIONABLE* OU ÉLÉGANT.

LA mode est la reine du monde ; elle commande même à l'opinion , surtout dans ce siècle. On cite la France et Paris comme le lieu où elle exerce le plus souverainement son empire ; c'est une erreur. Reine aussi absolue que bizarre, elle règne sur le Cosaque comme sur le *dandy*, à l'autel et au théâtre, dans le gîte souterrain du Lapon comme dans les salons de la Chaussée-d'Antin. Jamais maîtresse de roi ou de prince régnant ne trouva au-

2

tant de condescendance pour son moindre caprice. Tel qui fait profession de la
braver, lui fournit, dans sa personne
même, son plus beau triomphe. Nul pouvoir n'est égal au sien. Pierre-le-Grand
écrasa les strélitz ; mais son glaive se
brisa contre le sceptre de la mode ; et,
s'il n'avait eu l'adresse de la mettre dans
ses intérêts, tout porte à croire qu'en
dépit du vainqueur de Charles XII,
de vénérables barbes ombrageraient encore les mentons de la Moscovie. Assem-
blées législatives, festins, vêtemens, car-
rosses, poésie, sentimens, affections,
médecine même, tout suit la mode. L'intérêt, le dégoût, l'incommodité, le mépris ne peuvent rien contre elle. Placée
par sa puissance invincible au-dessus des
savans comme au-dessus des rois, elle seule
nous a montré le mouvement perpétuel.
Tout cède et disparaît selon sa volonté,
tout renaît selon ses caprices :

La *mode* emporta les dieux même
De la frugale antiquité.

Il en est toutefois de cette souveraineté
comme de toutes les puissances divines et

humaines. Les uns s'y soumettent machinalement, et la mode pour eux est ce qu'à l'âne est la route du moulin ; d'autres en étendant son empire, en fournissant de nouveaux alimens à son inconstance, cherchent à mériter ses faveurs les plus précieuses. Ceux-là attendent de la capricieuse déesse ce qu'Homère dut à ses chants, ce que Grimod de la Reynière doit à ses fourneaux. C'est à eux que nous soumettons et offrons ce petit ouvrage. Ce sont leurs leçons que nous cherchons à faire entendre, leur exemple que nous voudrions perpétuer. Heureux, si nous pouvions mériter que notre reine commune adoptât, seulement pour deux jours, le fruit de quelques veilles! C'en serait assez pour notre fortune et la ruine de notre libraire ; car le génie même, pour mettre un auteur en tilbury, n'est pas aussi puissant que la mode, et un auteur à la mode finit toujours par être le plus grand fléau de son libraire.

En tout état de choses, ceux qui raisonnent et se distinguent forment la minorité. Si donc nous mettons sur-le-champ hors de cause, comme indignes de figurer en si bonne compagnie, cette espèce d'hommes à peine civilisés, que l'on nomme vulgairement des originaux, il nous restera peu de classes à parcourir pour rencontrer celle que nous regardons comme le seul type du vrai *fashionable*, et sur laquelle nous voulons attirer les regards de nos lecteurs, comme sur celle qui doit leur fournir les véritables modèles à suivre.

Gardez-vous, par exemple, de marcher sur les traces de ce Walter, dont les traits pâles et défigurés, les yeux éteints, la démarche lente et hasardée trahissent l'ennui, les débauches et une santé plus que délâbrée. Dès sept heures du matin vous l'avez rencontré dans un élégant cabriolet, il vous connaît, et il a cherché, par un seul regard, à compromettre une femme auprès de vous, tandis qu'il ne sort lui-même que d'un lieu de débauche. N'est-il occupé d'aucun objet extérieur? sa figure exprime un anéantissement moral près duquel il n'y a plus d'espoir; il voit avec indifférence la beauté piquante,

ou ne sourit qu'à l'idée d'un crime. Peut-
être à trois heures il se fera traîner aux
Champs-Elysées, au bois de Boulogne,
mais toujours seul. Rencontre-t-il une
connaissance de la veille? il lui presse fa-
milièrement la main, pare ses lèvres d'un
sourire qui attriste, anime ses discours
d'une gaîté qui glace. Pas un de ceux
qu'il salue du nom d'ami, qui ne redoute
de sa part quelque perfidie. Walter est
un roué, malheur à qui le prendrait pour
modèle! et pourtant il vous assassinerait
en duel si vous paraissiez douter qu'il est
homme d'honneur.

D'Evremont est moins dangereux, il
n'est qu'inutile et impertinent; heureuse-
ment pour ceux qui s'en offenseraient, il
ne se croit pas obligé d'être brave; il entend un peu mieux l'honneur. Son ambition était de briller, de donner le ton dans
le monde, il aspirait, en un mot, au
beau titre de *fashionable*, il n'a pu devenir qu'un fat; il est mis avec recherche,
mais il manque de grace, sa gêne se dé-
cèle dans son élégant costume, souvent
même il paraît ridicule. Toutefois, il se

2.

guinde, se hausse, juge quand il ne connaît pas ceux à qui il parle, jette un regard de mépris sur un voisin qui s'avise-
rait d'être modeste. C'est au total un être
souverainement ennuyeux, qui s'est complètement trompé sur sa vocation, en
croyant qu'il pourrait devenir un homme
à la mode. Nous ajouterons, pour nos
lecteurs de province, si nous en avons,
qu'un fat n'est pas un faquin; que ce nom,
terme du dernier mépris, ne se donne
qu'au laquais d'une marquise ou d'un
ministre. L'académie assure que fat n'a
point de féminin.

L'académie est en arrièré de la civilisation, et ne marche pas plus avec le siècle
que certaines têtes à marteaux, puisqu'elle
n'a point encore naturalisé chez nous le
dandy britannique. Goddam! voyez-vous
ce monstre de fatuité, long ou large,
mince ou court. Cet être d'un sexe dou-
teux, affublez-le des vêtemens les plus
ridicules, hérissez ses cheveux au point

Qu'on puisse interpréter à cornes leur longueur;

Une énorme cravatte, un air niais, un

vaste lorgnon stupidement dirigé sur quelque face bouffie, et voilà un *dandy*, goddam!

Mérinval passe pour un homme qui a du monde, qui sait son monde, ce qu'on appelle vulgairement, sans respect pour la grammaire et pour l'académie, un homme du monde. Nul mieux que lui ne connaît en effet les usages de la bonne compagnie et n'y est plus fidèle. Ses mouvemens, sa tenue, sa démarche, ses paroles, tout en sa personne est inspiré par ce qu'on nomme le bon ton. Sa politesse est toujours sur le qui vive, et il sait l'art d'empêcher qu'elle devienne fatigante. N'est-il point de votre avis? sans vous céder il se montre modeste, et met dans la discussion tout juste autant de chaleur qu'il en faut pour soutenir et animer l'entretien; fait-il une déclaration amoureuse? cherche-t-il à émouvoir? c'est toujours d'un ton un peu compassé, et si la dame à qui il s'adresse laisse tomber son gant, ses transports ne l'empêcheront point de le ramasser et de le lui rendre avec cérémonie.

Aimez-vous mieux son frère? Il est content de lui-même; il sourit sans cesse, et il en a pris une telle habitude que c'est le seul mouvement de sa physionomie qui ne soit pas une grimace. Il sait tout son esprit par cœur, et ses bons mots ne paraissent drôles qu'à ceux qui n'ont pas lu le journal du matin ou le dernier roman à la mode. Du reste, il ne cherche pas à les faire passer comme venant de lui. On dirait, au contraire, que les trouver n'est nullement son fait, qu'il n'est au monde que pour répéter dans le plus d'endroits possible ce que les autres ne peuvent pas dire partout. Il est connu de toute la ville, on le désigne aux étrangers à chaque endroit où il passe; il écoute ordinairement avec assez de modestie; mais son oreille se dresse, il se rengorge si la discussion roule sur la coupe savante de son habit, sur une coiffure à la grecque; alors il ne parle plus qu'avec complaisance, en protecteur des arts, en Mécène, et il est lui-même le premier à s'écouter, quelquefois le seul. Il a sur cet article une profonde érudition. Vous lui parlez de vertus. «Ver-

tugadins ! s'écrie-t-il en vous interrom-
pant, des vertugadins, il y a bien cent
ans qu'ils ne sont plus de mode; » et il a
besoin de rassembler toute son instruction, même lorsqu'il vous connaît person-
nellement, pour décider si vous n'êtes
pas, sous un habit à peu près semblable
au sien, le juif errant, ou Jonathan le
visionnaire. Il a pourtant des vertus; mais
uniquement parce qu'il les reçoit de la
mode, et il les a sans qu'il s'en doute.
C'est, dans toute l'acception du terme, un
homme à la mode; il passera comme elle.

Cherchera qui voudra son modèle parmi ces différens portraits. Bien des gens
même ne sauraient s'élever plus haut,
alors il faut

Avoir reçu du ciel l'influence secrète,
Et l'on naît fashionable ainsi qu'on naît poète.

Pour nous, nous ne voyons point dans
toutes ces exquisses cet élégant, véritable
type de la perfection et de la civilisation
humaine; loin de s'assimiler à un roué,
il doit, jusqu'à un certain point, avoir des
mœurs, ne fût-ce que pour conserver et

préserver long-temps les dons de la figure
qui lui sont indispensables. A la roideur, à
l'impertinence d'un fat, il doit substituer
l'aisance, une certaine politesse adroite-
ment calculée, et qui cependant ne le
fasse pas paraître à tous les yeux comme
celle de l'homme du monde. Il faut de la
naïveté dans sa coquetterie, du charme
dans sa légèreté. Une qualité essentielle
est que ses habits ne l'embellissent pas,
mais que lui, au contraire, les fasse valoir. Le *fashionable*, enfin, ne suit la
mode qu'en innovant et en y ajoutant
toujours quelque chose de son invention,
ou de celle de son tailleur, peu importe.

L'homme aimable, l'homme d'esprit
étaient naturellement exclus de cette galerie. Ils obéissent à notre reine; mais ne
se consacrent point à son culte, et n'attendent pas d'elle leur succès.

Entrons donc, il en est temps, dans
notre sujet, et voyons ce que l'on peut
enseigner à l'école des vrais *fashionables*,
apprenons à ceux qui le pourront à marcher sur les traces des maîtres, et plus
francs que les docteurs nos confrères,

convenons que nous ne pouvons donner l'intelligence à personne.

O vous, donc, qui prétendez au succès du *fashionable*, ne croyez pas que notre livre puisse suppléer à tout ; si vous n'apportez point en naissant l'inspiration qui crée les hommes de génie, jamais la science ne fera rien de vous ; mais si avec une vocation déterminée vous avez le malheur de n'avoir pas reçu dès votre enfance les principes qui font l'*élégant*, vous les trouverez dans notre manuel ; et, nos leçons secondant la nature, vous pourrez devenir un *fashionable* parfait. Ainsi le professeur de rhétorique ne fera jamais un Bossuet de l'enfant stupide qui lui est confié ; mais Bossuet ne serait jamais devenu l'aigle de Meaux sans son professeur de rhétorique.

Classe intéressante des élégans novices, vous qui aspirez aux succès de salon, vous qui prétendez devenir un jour les arbitres de la mode, vous qui, comme Thémistocle après la bataille de Marathon, ne dormez point, ou dormez mal, en songeant à la gloire de vos devanciers, c'est à vous surtout que nous pouvons prêter un puissant appui. Avides de connaissances utiles, vous appellerez la lumière de toutes les forces de votre ame ; vous saisirez avec passion celle que nous vous présenterons, et dans votre noble enthousiasme , après avoir médité nos solides instructions , vous vous écrierez : *Et moi aussi je suis peintre ! donnez-moi des pinceaux !* et bientôt, après une courte conférence avec Michalon et une heure de travail avec Winkler ou Staub, vous pourrez briller et attirer les regards comme un favori des Graces au milieu de la foule qui, peu d'instans avant vous aurait à peine aperçus !

CHAPITRE II.

LES DONS NATURELS.

Je vous ai fait un peu de morale, mes chers *fashionables*, dans le chapitre précédent ; pourquoi pas ? La morale est bonne à mettre partout. On fait des *cuirs* et des *conséquens* dans les salons de M. Syrieys de Mayrinhac pour être à la mode ; pourquoi la morale n'aurait-elle pas aussi bien son tour que la sottise ?

En tout état de choses, en toute profession, les avantages extérieurs sont un grand poids dans la balance. Le militaire, l'artiste et le *fashionable* en ont surtout besoin. Permis à l'homme d'esprit d'être laid ; il trouvera peut-être quelque princesse qui déposera sur sa bouche un baiser chaste, *pour les belles choses qu'elle sait dire* ; il y a même de ces laideurs qui ont ce je ne sais quoi de plus spirituel, de plus piquant que la beauté. Cette laideur

3

alors est un avantage. Jeune, beau, vigoureux, et avec la voix de Martin, le respectable M. Andrieux perdrait beaucoup de sa réputation, même auprès des jeunes femmes. L'œil suffit à ce genre de *beauté-laideur* que l'on peut permettre à l'homme qui aura le bon esprit de renoncer au beau titre de *fashionable*. Ce serait ici un grand point à examiner que de savoir qui peut le plus dans la balance des choses humaines, ou de l'esprit, ou d'une belle figure ; s'il n'est pas arrivé plus d'évènemens pour un nez ou un rond de jambe que pour la saillie la plus spirituelle, ou le plus beau discours. Si les Anglais sont brouillés avec le pape, les beaux yeux d'Anne de Boleyn ont plus fait pour cela que toutes les prédications du monde. Cet exemple n'est pas le seul que je pourrais citer à l'appui de mon opinion. La cour de Louis XV était bien pénétrée de cette vérité. On savait alors toute l'influence que pouvait avoir une jolie tête affublée d'une perruque élégante, et nos petits abbés musqués ont opéré plus de conversions avec des vers parfu-

més et un ton de boudoir que toute la
gravité pédantesque de l'antique Sorbonne, ou la véhémence de M. de La
Mennais. Et, après tout, pourquoi vou-
drait-on qu'une femme aimable et habi-
tuée à toute la délicatesse de la bonne compagnie donnât sa confiance à un cuistre qui
se présenterait à elle avec des bas percés,
des cheveux gras et des ongles crasseux.

Il faut au *fashionable* qui veut réussir
chez Tortoni, à l'Opéra, au bois de Boulogne, les mêmes avantages qu'au petit
séminariste dont l'ambition a en perspective la soutane violette de l'évêque, ou
l'aumusse ouatée du chanoine. La taille
est une qualité peu importante, mieux
vaut être petit, sans descendre jusqu'au
ridicule, que trop grand. Il ne faut toutefois, ni la diminuer en se tenant courbé,
ni se hausser au moyen d'un col britannique. Air commun d'une part, air guindé
de l'autre : ce sont deux écueils qu'il faut
soigneusement éviter. Les traits de la figure doivent être réguliers ; la physionomie doit être mobile, suivant la circonstance ; mais elle doit exprimer les sensa-

tions toujours dans le *medium*. Un *fashionable* ne doit pas craindre que le mouvement d'une grande joie ou d'une grande
douleur dérange ses cheveux ou sa cravatte ; mais il doit fuir les émotions fortes.
Celui qui ne sentirait rien, n'exprimerait
rien, serait un sot ; et, pour notre honneur,
nous faisons quelque différence entre un
sot et un *fashionable*. Cependant, l'état qui
nous convient le mieux est une quiétude
à peu près complète, et qui nous permette
de sourire à chaque objet qui s'offre à
nous. Remarquons bien que ces qualités
si précieuses, et malheureusement aussi
rares que le talent joint à la probité dans
un ministre, ne sont nécessaires qu'au
fashionable, au véritable élégant.

Car on peut être difforme et roué tout
à la fois. On peut fort bien suivre la mode
et avoir un œil de moins ou une bosse
de trop. Il ne nous faudrait un roi voûté
que pour vingt-quatre heures, et l'on ne
rencontrerait que des bossus, même dans
l'opposition. Le *fashionable* seul reste-
rait fidèle aux saines doctrines. La fatuité
est une prétention ridicule, une tentative

maladroite pour arriver au titre d'élégant, et la laideur n'exclut ni la maladresse, ni le ridicule. On peut donc être laid et fat comme on est laide et exigeante. Quelle différence pour notre héros! les qualités dont nous avons parlé lui sont indispensables. Nous passons légèrement sur quelques autres, les jambes, la couleur des cheveux, etc. L'art est là, et ces défauts se corrigent. Toutefois, chez le parfait modèle tout est naturel.

Après que la nature aura fait beaucoup pour le *fashionable*, la mode achèvera son ouvrage. C'est dans son temple, devant une psyché, que notre émule se préparera à étonner le monde. Deux heures déjà passées loin des profanes, il a consulté le conseiller fidèle, étudié les goûts de la déesse; il sort,

. . . . On s'étonne, et la foule
Admire tant de grace et tant de majesté;
Vénus même à son fils prodigua la beauté,
Versa sur tous ses traits ce charme heureux qui touche;
Elle-même en secret, d'un souffle de sa bouche,
Imprima sur son front, alluma dans ses yeux
Ce doux éclat qui fait la jeunesse des dieux,
En boucles fait tomber sa belle chevelure,
Et pour lui de ses dons épuise sa ceinture.

3.

C'est un dieu ! c'est son fils ! Bien moins resplendissant
Sort d'une habile main l'ivoire éblouissant.
Ainsi l'art donne au marbre une beauté nouvelle,
Ou tel, entouré d'or, le rubis étincelle.

CHAPITRE III.

DE L'AGE.

La mode a aussi ses invalides, et c'est, hélas! la plus pénible de notre tâche que de fixer l'époque de la vie où l'élégant doit s'arrêter lui-même au milieu de ses triomphes, quand il doit quitter une route où des épines embarrasseraient ses pas pour ne lui offrir que des roses fanées. La médecine, encore mieux la raison, lui dira comment il peut prolonger au-delà du terme une heureuse jeunesse, le garantira des écueils qui flétriraient son front des marques d'une vieillesse anticipée.

Chaque âge a ses plaisirs, son esprit et ses goûts.

A quinze ans, Arthur était encore au collège; mais il savait déjà que la nature l'avait fait pour plaire. A l'arrangement de ses cheveux, au nœud de sa cravatte, à cette glace furtive glissée entre Démosthène et Anacréon, on reconnaît déja l'instinct d'une certaine coquetterie. Les vacances se passent à la campagne, et pourtant on se pare, on veut séduire jusqu'aux paysannes ; mais que de soins, que de zèle, si la canicule conduit aux mêmes lieux une famille parisienne ! Avec tout cela on se doute bien qu'Arthur est paresseux au collège, qu'il y peut prétendre tout au plus à un prix de dessin, à une certaine supériorité sous le rapport de l'escrime et de la danse. N'est-ce pas tout ce qu'il faut ? C'est la seule chose qui le fasse briller aux yeux d'une mère idolâtre, c'est l'unique mérite qu'un monde frivole semble attendre de lui.

Avec une éducation à la mode, Arthur, à vingt ans, est un *fashionable*. Les dispositions qu'il reçut de la nature se sont développées ; il était amoureux à dix-huit ans ; il pensait être fidèle ; aujourd'hui il voltige, et comme le papillon il se contente d'effleurer chaque rose. Il s'est élevé ; il brille sur un plus vaste théâtre. D'abord il imite, il cherche un modèle ; et, sans le faire paraître que le moins possible, il marche sur ses traces, se règle sur sa

toilette, sur ses moindres pas, sur ses
moindres actions. Modeste d'abord, il
étend le cercle de ses connaissances, et
bientôt, abandonnant les imitateurs, ce
vil troupeau d'esclaves, le voilà *fashionable* parfait. Les hommes l'envient, les
femmes l'adorent, tout le monde l'admire.
Pourquoi le temps ne s'arrête-t-il jamais?
L'âge vient; trente-cinq ans arrivent, et
Arthur, aussi peu sage qu'une jolie femme,
est le seul à ne pas s'apercevoir que déja
les charmes, les graces de la jeunesse lui
échappent. Il est fort bien encore; son
goût est toujours le même; sa toilette est
aussi fraîche; pas un cheveu blanc.... Il
pourrait plaire encore s'il savait avoir
trente-cinq ans, et cependant l'ennemi,
le plus grand fléau du *fashionable*, l'âge
enfin fait de jour en jour mieux sentir ses
approches, et il est obligé d'appeler à son
secours toutes les ressources de l'art. Sa
vanité le flatte encore de l'espoir de faire
illusion; mais là malignité d'un jeune
ami, qui pense avoir le droit d'abuser de
ses avantages, ne lui permet pas de gar-
der cette douce erreur. « D'honneur, Ar-

thur, vous avez une jeunesse éternelle;
mon père m'assurait encore ce matin que
vous faisiez fureur de son temps. Sur ma
parole je n'y conçois rien. » Et un sourire
malin explique clairement sa pensée, qui
bientôt est celle de tout le monde. Pauvre
Arthur! pourquoi ne se rangea-t-il pas
dans la carrière plus facile à son âge des
hommes à la mode. Une partie de ses
honneurs l'y eût suivi peut-être; on l'eût
cité comme l'oracle du goût partout où il
eût renoncé à être le plus fou, le plus aimable des étourdis. C'est encore quelque
chose que de briller parmi ces gens qui
prononcent après leur journal sur les
tailleurs et les poètes, les chevaux anglais
et la morale, les restaurans et la politique; car un journal s'occupe de tout cela.

Mais neuf lustres complets surchargés de trois ans

pèsent déja sur sa tête grisonnante. Il a
passé dans l'abandon, à poursuivre de
vaines prétentions, un temps encore bien
précieux. Heureux si l'exemple mortel
d'un roué n'a pas séduit son ame dégoû-
tée! Cependant, il se réveille un beau

jour en songeant qu'il touche presqu'à la cinquantaine ; il a laissé échapper ces mots si pénibles : *Je ne suis plus jeune*, et cet aveu l'a sauvé. Il renonce aux succès qui ne sont plus de son âge, mais il en recherche qu'il peut atteindre encore : il devient homme du monde. Son urbanité, sa politesse sont citées de toutes parts autant que le furent jamais sa cravatte ou son tilbury. Les vieilles dames qu'il ne courtise plus le citent pourtant comme modèle. Il cherche à plaire aux jeunes sans être ridicule. C'est encore l'âge d'airain ; celui de fer se prépare, ses jambes se sont roidies, son dos s'est voûté, ses cheveux blanchis ne peuvent plus se déguiser ; toutefois, Arthur est devenu sage par l'expérience ; il sait ce que l'on gagne à se plier aux circonstances ; il sait qu'il est des triomphes pour tous les âges, et qu'ils ne nous échappent que par la faute de notre amour-propre, beaucoup plus lent que le temps. Il se résigne donc à propos, et trouve encore quelque jouissance à bien jouer dans le monde le rôle d'un vieillard aimable.

Garçon ou marié, telle est à peu près la vie d'un *fashionable*. On serait tenté de la regarder comme une vie inutile. Quelle erreur ! et comme la suite de cet ouvrage montrera qu'elle est remplie de travaux, de soins qui tous tournent au profit de la société ! Chacune de nos pages tendra à le prouver, et peut-être pourrons-nous nous flatter d'être un argument dans notre propre cause, et saurons-nous persuader aussi facilement à nos *fashionables* d'être au moins sages comme Arthur.

Que de *Boissec*, ou de ci-devant *jeune homme*, au bois de Boulogne et chez Tortoni ! Est-il rien de plus ridicule qu'un vieillard luttant contre la puissance de l'âge ? Voyez-le, ici emporté par un cheval qu'il n'a plus la force de diriger, et cherchant à sourire avec la grace d'un jeune militaire dont l'ardent coursier bondit et caracole sous le frein ; quelle grimace ! là, toussant aux pieds d'une jolie femme qui tourne la tête ; plus loin, arrêté par une bande de neveux avec lesquels il veut jouer, et qui se moquent de lui. S'il n'est pas de spectacle plus beau que l'homme aux prises avec l'adversité, il n'en est pas de plus ridicule que celui qu'offre un vieillard se débattant contre les maux et les exigences de son âge. L'histoire d'Arthur nous a fourni l'occasion d'une autre remarque. Quand il n'est plus assez jeune, il n'est pas rare de voir le *fashionable* se jeter dans les roués, autre écueil plus dangereux encore. Mais ne rentrons point dans un sujet aussi triste. De vingt à trente ans, suivons plutôt notre élégant dans le jardin fleuri où il voltige sans cesse, où il rencontre les roses sans les flétrir, et où l'ombrage des myrtes et des lauriers semble devoir lui conserver une jeunesse éternelle.

CHAPITRE IV.

EMPLOI DE LA JOURNÉE.

Il ne faut pas être bien matinal pour s'introduire, avant son réveil, dans le joli boudoir dont un élégant a fait sa chambre à coucher. Il ne recherche point les grands appartemens, les riches lambris ou les dorures. Un entresol bien mignon, une bonbonnière plus commode toutefois que la salle du Gymnase; un meuble gracieux et travaillé avec un goût exquis, un tapis moëlleux, des rideaux, des tapisseries couleurs douces, un demi-jour, et dans l'atmosphère une odeur aussi suave que légère; voilà l'olympe qu'ambitionne notre héros, c'est là qu'il faut le chercher, dormant d'un sommeil assez insignifiant, et plus semblable à la mort que celui d'un grand homme. Nous ne parlerons point du chant du coq, c'est tout au plus si nous entendons le cri des laitières ou celui de ces utiles animaux

Qui vont dans tout Paris promener la santé.

Toutefois la huitième heure nous trouve rarement endormis. Alerte donc, c'est encore être en avance, et transportons-nous au quartier d'Antin, dans un de ces entresols que nous venons de décrire ; usons du privilège qui, peu souvent, à cette heure, s'accorde à d'autres qu'à une sylphide, et sans être de la famille de Trilby, glissons-nous sous les rideaux.

Neuf heures sont sonnées depuis quelque temps, lorsqu'un premier cri part de l'oreiller bienheureux, et, aussitôt, un jeune homme soulève une tête négligemment enveloppée d'un foulard. Bientôt John paraît. Quelle heure ? Quel temps ? Qui est venu ? Qu'y a-t-il ? Toutes questions qui se succèdent rapidement et auxquelles John répond selon la circonstance, parfois selon son caprice. Le *fashionable* est essentiellement l'homme sociable, il n'a de prix qu'autant qu'il est vu au milieu d'un cercle ou d'une promenade. Isolé, c'est l'homme le plus en-

nuyeux ou le plus ennuyé du monde.
Ainsi le nôtre a pris un livre, l'a rejeté;
a demandé des nouvelles de deux ou trois
de ses amis, sans écouter la réponse; s'est
consulté, sans se décider, sur cinq, six
habits, douze pantalons et vingt-quatre
cravattes; il a voulu lire un journal, il a
baillé. Bref, il ne sait plus que faire, il va
se résoudre à se lever, sans savoir où il
ira à une pareille heure, quand il n'y a
encore personne, ni au tir de Lepage,
ni au manège, ni aux Champs-Elysées,
et lorsque chez Tortoni les tables et les
banquettes sont encore l'une sur l'autre.
Il serait indiscret aussi de se présenter
chez une jolie femme. Cependant on se
lève, on s'habille, mais avec dégoût, sans
émulation. Quittons un aussi triste séjour.

Non loin de là, on rit, on plaisante dans
le petit appartement d'Alfred. A neuf
heures et quart il a reçu la visite d'un de
ses amis, et mollement étendu sur son lit,
admirant soi-même les diverses poses
qu'il sait prendre, il jouit du plaisir de
commencer sa journée sous d'heureux
auspices. Ils s'amusent plus que celui que

nous abandonnons, ils causent, ils font de l'esprit, ce pourroit bien être pour nous encore plus ennuyeux.

En outre l'heure avance : à midi chacun est sorti, chacun a déjeûné. Une heure approche, c'est l'instant des visites, et quelques momens après, nos héros escortent la voiture d'une dame ou une intrépide amazone, emportée par un élégant coursier, sur la route du bois de Boulogne. Un peu avant cinq heures, c'est entre eux que les *fashionables* se réunissent. Ils n'aiment point les dîners en ville, attendu que dans chaque maison il se trouve au moins un homme raisonnable, qui tient alors la conversation, et que ce n'est point du tout leur fait. Huit heures arrivent, en été, l'on se partage entre le spectacle et la promenade du soir; en hiver, on va aux Bouffes, au Gymnase, à l'Opéra, à Feydeau, jusqu'à ce que l'heure d'aller briller dans une soirée ou dans un bal, vous appelle à une troisième, quelquefois même à une quatrième toilette.

Du reste, toutes les heures de la jour-

4.

née que nous venons de parcourir suc-
cinctement, seront pour nous l'objet de
chapitres à part. Terminons donc celui-
ci en rentrant, avec notre héros, entre
une et trois heures du matin. Alors il n'a
plus besoin de nos leçons, et le *fashionable*, comme la mollesse, comme tout le
monde,

Soupire, étend les bras, ferme l'œil et s'endort.

CHAPITRE V.

DE LA TOILETTE.

DEUX ou trois tailleurs, un chapelier, un coiffeur, un bottier ou un *fabricant de bottes*, comme dit l'enseigne de *Sakosky*, et une lingère, peuvent être regardés comme l'ame et le corps d'un jeune homme à la mode. C'est là qu'il commande, c'est avec eux qu'il travaille, qu'il consulte; et, dans ces audiences particulières, on fait tout autre chose que de tailler des plumes et figurer sur un papier de soie de nobles caricatures.

Nous avons dit que le *fashionable* ne suit pas les modes; il les fait, il les dirige, il sait leur donner du prix; et telle coupe d'habits ne fera jamais passer le nom de son inventeur à la postérité, si la Clio de M. *De Lamésengère* ne l'a remarqué que sur le dos d'un homme d'esprit ou sur celui d'un millionnaire. Chacun sa partie, l'homme d'esprit au Parnasse, le millionnaire à la Bourse seront fort bien placés; au temple de la mode, l'un et l'autre sont les premiers à rendre hommage au génie du vrai *fashionable*. Tant il est vrai que le talent, loin d'effacer les distances, les rétablit partout; seulement comme chacun a le sien, balance.

Je ne fais point ici l'art de s'habiller; ceux à qui je m'adresse s'habillent de génie, d'inspirations. Il faudrait mille volumes et plus, comme le mien, bien entendu, pour reproduire toutes les idées de Racine, dans la composition d'une seule de ses tragédies. Je n'en finirais pas si je voulais analyser chaque toilette d'un seul *fashionable*. Cependant comme il entre pour beaucoup dans ce sujet de parler des relations de ces messieurs avec leurs tailleurs, etc., force était de s'en instruire, et, à cet égard, voici ce qui est advenu.

SECTION PREMIÈRE.

Des Habits.

L'habit d'un homme ordinaire se fait comme celui d'un *fashionable*. Moi, par exemple, lorsque le mien commence à montrer les coudes, il me suffit d'envoyer un billet de faire part à mon tailleur; et, mesures prises au plus juste, j'ai un habit quinze jours ou trois semaines après. Un *fashionable* est servi plus vite, ce qui a bien son avantage. J'avais donc besoin d'un habit; je me transportai moi-même chez l'artiste qui a ma confiance, et qui loge au cinquième, ne vous en déplaise, près le Panthéon, vis à vis un dégraisseur. Voulant profiter de la circonstance pour augmenter, s'il se pouvait la masse des renseignemens que je destinais à former cet ouvrage, je lui demandai quelques détails sur le sujet que je traite aujourd'hui. Il était là-dessus d'une ignorance parfaite. De phrase en phrase, et de fil en aiguille, je finis par l'engager à se transporter chez quelqu'un de nos plus renommés *fashionables*, au moment où il recevrait ses tailleurs. Je lui persuadai presque que cela le ferait connaître. Il y consentit, et le mardi 28 novembre 1828 il reçut une invitation, pour deux heures, du jeune de Saint-Phénix, auquel il en avait demandé la faveur. Voici ce qu'il m'en a raconté.

Il avait été devancé au rendez-vous par deux de ses confrères, M. Frogé et M. Berchut ; leurs tilburys attendaient en bas. Mon tailleur arrivait à pied ; il fut introduit dans la salle d'audience, espèce de boudoir semi-oriental. Le costume de ces messieurs était des plus élégans. Mon tailleur était mis fort simplement, je ne sais même pas si son gilet était à la mode.

Après une demi-heure d'attente, pendant laquelle nos deux *fashionables-artistes* en culottes parlèrent d'abord médecine, danse, théâtre, puis s'entretinrent ensuite de leurs jumens et de leurs tilburys, comme les médecins de Molière, et durant laquelle mon tailleur garda un silence à peine interrompu, M. de Saint-

Phénix arriva. Il venait de la campagne.
A son approche nos trois conseillers se
mirent aux fenêtres et le virent arrêter
lui-même avec adresse le drowski qu'il
avait dirigé, et s'élancer à terre en hono-
rant son conseil d'un signe protecteur.
Entrer, saluer de nouveau, ouvrir un des
boutons de son habit, promener sur le
boulevard le lorgnon qu'il place d'ordinaire dans la poche gauche de son gilet,
ce fut pour lui l'affaire d'un instant. Il
s'assied; la séance est ouverte.

SAINT-PHÉNIX.

Messieurs, je suis bien aise de vous
dire d'abord que dans le dernier travail
vous n'avez pas suivi parfaitement mes
idées. Je vous l'ai dit et je vous le répète
tous les jours, la première loi de qui veut
avoir la mode est d'inventer les formes
d'habits à la fois les plus élégantes et les
plus commodes. (*Se levant et montrant
son habit.*) J'avais passé jusqu'à dix mi-
nutes à vous expliquer comment j'enten-
dais cette fusion de la basque et du corps
de l'habit; au lieu de cela, votre couture

est gauche, M. Frogé. J'en puis dire autant de mon pantalon, M. Berchut. (*A mon tailleur.*) M. est l'artiste qui a réclamé par une lettre...

MON TAILLEUR.

Une faveur dont je commence à sentir tout le prix.... Oui, monsieur, c'est moi qui...

SAINT-PHÉNIX.

Bien, bien. Je vous disais donc, messieurs, que je suis peu content de vous. Je viens de recevoir un affront, un véritable affront. Valcourt vient de se faire admirer à mes dépens, et par sa mise et par ses connaissances sur l'état des choses, et à qui le doit-il, messieurs? à son tailleur! Ah! c'est un habile homme aussi que M. Winkler.

LES TROIS ARTISTES.

M. Winkler!

SAINT-PHÉNIX.

Oui, M. Winkler, rue Vivienne, n° 10; c'est un homme qui entend son art, et qui est ambitieux de gloire. Vous devriez l'imiter.

MON TAILLEUR, *à part.*

De la gloire! qu'est-ce que c'est donc que de la gloire?

LES AUTRES ARTISTES.

Ah! vous savez bien que nous ne travaillons pas pour de l'argent.

MON TAILLEUR, *avec étonnement.*

Pour quoi travaillent-ils donc?

SAINT-PHÉNIX.

Au reste, messieurs, je vois que le monde est renversé, et qu'au lieu d'apprendre de vous des nouvelles de l'empire de la toilette, je suis obligé de vous en donner; je suis au fait, allez, *diablement* au fait. Ce que c'est, pourtant, que d'avoir fait une excursion chez M. Winkler!

Ecoutez donc. (*Les trois tailleurs se rangent en cercle autour de Saint-Phénix.*) Une charmante tenue de matin : les pieds sur les tisons est, ce me semble, celle de Valcourt, robe de chambre étoffe cachemire, dessins chinois, nouée à la ceinture avec un gland de soie... Ah! ah!

5

ah! vous admirez. Allons, votre album,
messieurs, votre album. Ecrivez, je dicte.

Pour les courses du matin, redingotte
grenat caroline ou noire, fermée jusqu'en
haut, avec un collet large ou flottant ; pantalon bleu-clair ou savoyard, avec baguettes sur les côtés. Notez bien ceci, messieurs, car Valcourt a été admiré rien seulement que pour ses baguettes. Ce qu'il y
a vraiment d'admirable dans le modèle que
j'ai vu de cette mode, c'est que le pantalon
est d'une forme tout-à-fait inusitée... il
n'est ni large ni étroit... (*Etonnement
des auditeurs.*) Il ne dessine pas la jambe,
mais il s'élargit, au contraire, à mesure
que la jambe devient plus fine, et se
trouve très large sur le coude-pied. Heim!

TOUS LES TAILLEURS.

Admirable !

SAINT-PHÉNIX.

Remarquez bien, cependant, que ce
costume paraîtrait indécent l'après-midi,
et qu'on ne peut pas le faire voir au bois
de Boulogne. Valcourt ne monte plus en tilbury sans un habit bleu anglais ou bronze,

un pantalon de couleur fantaisie, et un gilet chamois. Qu'en dites-vous ?

LES TAILLEURS.

Du meilleur goût.

SAINT-PHÉNIX.

Mais voilà le plus important, messieurs, et vous surtout, M. Berchut, vous qui m'avez apporté un habit noir ; et que voulez-vous que je fasse d'un habit noir ? il y a un an que nous l'avons abandonné aux vieux et aux pédans. Un habit musc est au contraire du meilleur goût. On peut encore porter un habit brun avec un pantalon de casimir collant et un gilet de soie ou de velours à petits bouquets.

M. BERCHUT.

Nous sommes enchantés !

M. FROGÉ.

Nous tâcherons de profiter...

MON TAILLEUR.

Votre érudition est admirable.

SAINT-PHÉNIX.

Je vous le répète, messieurs, je suis un homme bien malheureux ! il faut que

je me casse la tête pour vous indiquer la
route du beau, tandis que M. Winkler
habille Valcourt sans même qu'il ait besoin de songer à sa toilette. (*A mon tailleur.*) Mais vous, monsieur, vous que je
ne connais pas encore beaucoup, que sa-
vez-vous faire?... vous sentez-vous inspiré ?

MON TAILLEUR.

J'ai toujours contenté mes pratiques...

M. FROGÉ , *bas à M. Berchut.*

Ses pratiques!... Quel est ce manant
qui parle comme un artisan vulgaire? Ah!
si nos *cliens* de haute qualité nous
voyaient avec lui!...

SAINT-PHÉNIX.

Et dites-moi, par quelle originalité
vos œuvres se font-elles remarquer ?

MON TAILLEUR.

J'ai toujours donné du bon, du solide.

SAINT-PHÉNIX, *avec mépris.*

Eh bien ! monsieur, désormais vous
ferez mes livrées... je vous enverrai mes
gens. A propos, M. Frogé, il me faudra

d'ici à quelque temps un manteau pour dame...

M. FROGÉ.

Même mesure?

SAINT-PHÉNIX.

Non pas!... je vous dirai cela.

SECTION II.

Lingerie. — *Nouveautés.*

C'est rarement dans ces magasins à enseigne si éblouissante que le *fashionable* va faire ses emplètes. La *laitière de Montfermeil*, rue du Coq Saint-Honoré, est une des maisons de ce genre où on le rencontre parfois. Il se fournit surtout chez les lingères du quartier d'Antin : mademoiselle Guérin, rue de Grammont, ou mesdemoiselles Delatouche, rue Vivienne. Son linge est de belle toile ; cols élégans, ni dérobés sous une cravate noire comme ceux d'un jésuite, ni montant et guindés comme ceux d'un provincial. Trois ou quatre boutons de couleur attachent sur le devant sa chemise pelissée à très petits plis et avec grand soin.

5.

Les cravates varient à l'infini. En ce moment on les porte en soie parsemées de petites fleurs de diverses couleurs. Le nœud doit être fort simple. Il est aussi inutile de recommander les bas de soie gris-perle et de différentes nuances, que de proscrire les bas bleus. Une paire de gants glacés de couleur peu foncée, piqués à l'anglaise, est le complément nécessaire de la toilette sous ce rapport. Les plus jolis se trouvent chez Gampé, rue Saint-Honoré.

SECTION III.

Chaussure.

C'est une partie plus importante qu'on ne pense; c'est souvent par là qu'on distingue un homme comme il faut, lorsque d'ailleurs la fortune ne lui a laissé qu'un habit fort ordinaire. Les bottines conservent une vogue un peu surannée. Les bottes à revers pourraient bien réclamer en leur faveur, la proscription de cette chaussure qui est plus commode qu'élégante. Pourtant, en ce moment, on porte les bottines très carrées par le bout, et le talon très élevé. Du reste, MM. Sakoski et Astley en pourront dire aux amateurs beaucoup plus que nous là-dessus.

SECTION IV.

Coiffure.

Le célèbre *Michalon* est toujours le Rossini, le Châteaubriand, le Napoléon de la coiffure; auprès de lui *Plaisir* soutient l'honneur d'un nom illustre. Les gloires rivales de quelques autres s'éclipsent devant ces deux astres vainqueurs. Souvent, quand on sort des mains de ces messieurs, on hésite à placer un chapeau sur cette tête devant laquelle on serait tenté de se prosterner, si on n'y reconnaissait la sienne. Il en faut pourtant un, ne fut-ce que pour le tenir à la main. En hiver, pour les bals, nous ne saurions trop prôner la commodité des chapeaux-claques. A Paris, un seul chapelier, peut-être, n'a point une réputation usurpée. Le novateur privilégié des modes de Long-Champ, Gally, rue Saint-Honoré,

est bien l'homme unique pour vous fournir des chapeaux très légers, du noir le
plus brillant, avec garnitures élégantes
et de couleur distinguée, et toujours dans
le dernier goût.

CHAPITRE VI.

VISITES. — MALADIES.

Tout le monde fait et reçoit des visites, plus ou moins, selon l'étendue et l'importance de ses relations. Le *fashionable* est à ce titre celui qui doit remplir le mieux ce devoir de la société. Malgré tout l'esprit qu'on peut avoir, il faut toujours en toutes choses, de l'étude, du travail. Voltaire avait souvent recours à ses livres. Un *fashionable* est de même ; il veut voir autour de lui, connaître, analyser les différentes modes, les diverses manières de placer son lorgnon, sa main et sa jambe ; de quelle couleur sont les fauteuils de de madame une telle, à quelle heure on sort chez une marquise, à quelle heure on rentre chez une comtesse ; de quelle nuance, dans quelle forme est le négligé d'une danseuse ou celui de la femme d'un ministre. Tout cela sont des points fort importans, au moins aussi utiles à éclaircir que les affaires d'Orient, et que le *fashionable* ne peut pas deviner. Pour mettre telle couleur, telle maison, telle forme de voiture, tel meuble à la mode, il faut qu'il ait vu, qu'il ait comparé. Lui-même ensuite, ne faut-il pas qu'il se montre? toute sa réputation est là; si on était huit jours sans le voir, il serait oublié. Les lieux publics ne lui suffisent pas; ce n'est point au milieu d'une cohue que sa grace, ses manières, son élégance peuvent être appréciées. Un cercle brillant, un concert, au théâtre, au bois, c'est là où il triomphe; un petit comité où il n'y a pas d'invités, mais des visiteurs, c'est là qu'il étudie.

De quelle conséquence n'est pas une visite à une dame qui vous reçoit à sa toilette! à moins d'être *fashionable*, peut-on bien apprécier tout le prix d'un joli congrès de femmes charmantes qui, dans un gracieux et séduisant boudoir, garanties des feux du jour par la soie et la gaze, s'entretiennent ensemble, et de ce qu'elles aiment, et de ce qu'elles admirent? Comment ne pas vaincre lorsqu'on a reçu de semblables leçons? et qui pourrait être assez peu avide de gloire pour laisser échapper d'aussi belles occasions?

Les visites que reçoit le *fashionable* sont moins importantes. En général, ce n'est point chez lui qu'il brille. Recevoir, faire les honneurs, soutenir une conversation, n'est pas son fort, et malgré tout le plaisir qu'il éprouve à voir admirer ses meubles où le travail surpasse la matière, c'est rarement chez lui qu'il assigne un rendez-vous à d'autres qu'à ses amis.

Il est encore certaines visites auxquelles il tient par vanité plus que par tout autre motif. Ce sont celles d'une femme. Une robe, un chapeau élégant qui s'échappe de chez lui, presqu'à la sourdine, font un merveilleux effet parmi les bonnes gens de la maison, et notre héros d'en être tout glorieux. Cependant les femmes qui vont chez un *fashionable*... vont partout.

Un *fashionable* doit profiter de toutes les circonstances, même d'une belle et bonne maladie. Dans le fort du mal, il n'y

a rien à faire; mais si cela n'a pas duré
assez pour qu'il fût entièrement oublié,
qu'alors sa convalescence devient intéressante! D'abord quelques visites reçues
dans un lit élégant, et dont tout le monde
approche sans danger... même la petite
danseuse qui... Elle a eu bien peur quand
elle a su son Gustave malade. S'il allait
mourir; si son mal allait être... s'il pensait à
la quitter... et le cachemire qu'il ne lui a
pas encore donné. Bientôt c'est dans une
bergère qu'il achève de reconquérir ses
forces; il peut à peine s'approcher de la fenêtre, jouir des parures, des toilettes. Quel
bonheur! il vient d'apercevoir un lorgnon
dirigé sur sa riche robe de chambre! s'il
n'était pas fort déja, cette joie lui donne-
rait une faiblesse. Et la première promenade en voiture! Combien de femmes aimables se sont disputées à qui lui enverrait
la sienne! Deux nobles coursiers le traînent
lentement dans l'avenue des Champs-
Élysées. On s'arrête, on le regarde avec
intérêt... on s'envie un de ces sourires
mélancoliques qui errent sur ses lèvres;
plus de vingt beautés brûlent d'aller lui

prodiguer leurs secours... Il est si tou-
chant de hâter le retour à la santé!... Pauvres jeunes filles, un monde cruel s'y op-
pose... Et toi, cher *fashionable*, puisse le
ciel épuiser sur toi toute la portion de
fièvres quartes qu'il destine à la terre, et
en exempter ainsi tous ceux dont-elle
plongerait les familles dans la misère!

CHAPITRE VII.

LA PROMENADE.

John, quel temps fait-il ? — Très chaud,
monsieur. — J'accompagnerai la petite
marquise dans sa calèche. — Ce n'est pas
aujourd'hui son jour de voiture, monsieur. — Diable ! je ne suis pas bien avec
la comtesse.... Je serai donc obligé d'aller aux Tuileries me morfondre et m'en-
nuyer. Si encore la petite bijoutière qui
m'a vendu là dernière parure de Clary,
s'y trouvait... Il faut se résigner. Je pas-
serai deux heures aux Tuileries, dans la
grande allée ; décemment, par une chaleur comme celle-là, je ne pourrais me
montrer ailleurs qu'en calèche... Je dî-
nerai à cinq heures. John ? — Plaît-il,
monsieur. — Vous attellerez mon tilbury
à six heures, et je me dédommagerai
de n'avoir pu paraître aujourd'hui au
bois.

Les extrêmes se touchent, dit-on, et ne se ressemblent pas. Le grand froid a, pour un promeneur *fashionable*, le même inconvénient qu'une chaleur de la canicule; il n'oserait se montrer qu'en landaw, et rarement nos messieurs poussent le luxe jusque-là. C'est tout au plus en décembre, si, comme en juillet, il a la ressource du magnifique jardin des Tuileries. Par une belle gelée, il peut y promener un élégant plaids écossais, et y étudier sur les épaules des dames, où en est la guerre des pelisses et des manteaux. Du reste, en hiver, plus de promenade du soir. C'est le moment des visites et la saison des spectacles.

Mais qu'il vienne une douce journée, que la canicule modère un moment ses feux, que nos Parisiennes puissent, en calèches découvertes, venir animer et embellir l'avenue de Neuilly, et alors on verra tous nos papillons voltiger à l'envi d'équipage en équipage. Plus heureux ! celui qui peut guider les pas d'une timide amazone. On s'élance, on galope, et sur un coursier léger, le sentiment doit courir un train de poste; en effet.....

Le bonheur est en croupe et galope avec eux.

On s'est enfoncé dans les allées épaisses du bois.... un orage.... il faut s'arrêter, chercher un abri sous la feuillée.... On est trop loin des habitations ou des calèches amies : *infelix Dido ;* ce qui veut dire : *V'là ce que c'est que d'aller au bois!*....

Il est rare que les promenades d'un *fashionable* s'étendent plus loin. Enghein, Montmorency, Meudon, Corbeil reçoivent souvent l'ami de la belle nature. Mais notre élève, à moins qu'un ami n'y ait une charmante maison de campagne, où il réunit sous l'ombrage les plaisirs que la chaleur chasse de ses salons parisiens, qu'y ferait-il? Rien à voir que de beaux sites ou la maison de Jean-Jacques. — C'est fade; aucune sensation à produire, que du bien à faire. — Il ne vous comprend pas!

Avoir dans ses promenades une dame au bras ou dans son phaëton, escorter une amazone n'est pas toujours indifférent, comme on l'a vu plus haut. Cependant, selon nous, il faut aussi que le *fashisnable* se promène. Il n'est pas de ces bonnes pâtes d'hommes qui jouissent des hommages qu'on rend à leurs dames, plus que de ceux qui s'adressent à eux-mêmes. Seul, il arrêtera de temps en temps son coursier, aura l'air de chercher sur le côté de l'avenue, et se posera de manière à faire valoir, aux yeux d'une société brillante, toute l'élégance de sa tenue et de son costume. Soudain, le coursier s'impatiente à point nommé, il semble s'emporter, et.... on admire la grace, l'adresse du beau cavalier. Grand bien lui fasse!

Dans toute promenade, soit à pied, soit à cheval, il est une chose que doit toujours se rappeler le *fashionable*, c'est qu'il ne cherche pas un vulgaire plaisir, mais qu'il travaille dans l'intérêt de sa gloire. C'est qu'il ne se promène pas pour prendre un exercice salutaire ou pour jouir des beautés de la nature, mais pour faire admirer ses graces. C'est qu'il ne doit pas songer à voir, à admirer, mais à être vu, à être admiré.

6.

. Ainsi le gauche provincial ou le jeune homme simple et vulgaire vont comme le *fashionable*, s'entasser dans la grande allée des Tuileries, mais quelle différence entr'eux! Paul est arrivé à Paris depuis trois jours; il est descendu, rue de la Harpe, chez son ami Alfred, qui a promis de lui faire connaître tout ce qu'il y a de curieux dans la grande capitale. Il l'a déja traîné à l'Ecole de médecine et à l'Athénée, au Jardin des Plantes et à l'Académie, à l'Odéon et à l'amphithéâtre de M. Dupont, et il n'a seulement pas songé à le conduire au bois de Boulogne ou aux Bouffes. Pauvre provincial, en quelles mains es-tu tombé!

Enfin Alfred conduit son ami aux Tuileries. Ils ont déja vu en détail toutes les statues, avant que Paul sache seulement qu'il existe une grande allée: ils y passent comme par hasard dans ce vestibule de la mode, dans cet Eden du dix-neuvième siècle, où mille Eves aux doux regards adressent de tendres sourires à des élégans plus aimables que le serpent de la Genèse, et moins niais, quoique peut-être moins faits pour l'amour que leur bon père Adam! Ils s'y promènent, les malheureux, dans cette charmante allée, ils la parcourent en tous sens; et à quoi songent-ils?... On le devinerait à peine!... Ils admirent la brillante galerie de jolies femmes que leur présente ce lieu enchanteur. Leurs grands yeux ébahis, la rougeur de leur front, les battemens de leur poitrine oppressée trahissent une émotion d'autrefois, et quoique jolis garçons, ils ne pensent pas à eux; ils ne remarquent pas que leur tenue est négligée, que leur cravate est mal mise; ils n'ont point de honte de leur petite toilette; ils admirent et voilà tout; les niais!

Oh! qu'un élégant profite bien mieux de son temps et de sa position. Dans cette même allée il ne voit qu'à peine l'essaim de belles qui se pressent de tous côtés, elles sont pour lui chose presque indifférente; et s'il braque souvent son lorgnon sur son œil gauche, ce n'est pas toujours pour jouir de leurs charmes, c'est pour faire remarquer sa main blanche qu'orne un brillant solitaire ou un jonc scintillant.

Etendu nonchalemment sur deux chaises,
les pieds appuyés sur une troisième, il
mord le bout de sa petite badine d'ébène
à pomme d'ivoire. Il minaude, il sourit
quelquefois, souvent il baille; car en
charmant tout ce qui l'entoure, il ne doit
pas lui-même être charmé, et rien n'est
d'aussi bonne compagnie que le dégoût
et l'ennui.

« Ce jeune homme a fort bon ton,
dit en passant devant lui la petite
marquise à son amie, » et l'élégant
qui l'a entendue, jette sur elle un regard approbateur si elle est jolie, ou
détourne la tête avec indifférence si ses
attraits sont vulgaires ou sa parure fanée.

Quelquefois aussi, il faut l'avouer, un
rustre ou un philosophe hausse les épaules en voyant notre héros et ces mots: *le
fat!* sortent de sa bouche; mais c'est un
triomphe de plus, car la prétention de
penser est le plus grand des ridicules aux
yeux de nos charmans éventés; et, si ce
n'étaient les soins qu'il faut prendre de sa
toilette, la cervelle serait pour eux chose
absolument inutile.

Concluons que sans passer pour un homme vulgaire, un élégant ne doit, dans aucune de ses actions, perdre de vue cet important axiome, qu'il doit tout sacrifier au désir de briller.

CHAPITRE VIII.

LES REPAS.

Ou je suis un grand maladroit, ou mes lecteurs se sont aperçus que, quoique *fashionable*, je réfléchis quelquefois. En effet, je veux bien les assurer qu'il n'est pas nécessaire tout-à-fait, pour arriver à ce beau titre, d'avoir la tête entièrement vide, de ne jamais penser, comme disent les étourdis de l'ancienne comédie et du vaudeville. Je conviendrai, par exemple, que le sujet de mes méditations n'est pas toujours grave. L'esprit, lorsque notre volonté ne l'applique plus à un objet, se reporte de lui-même sur les points qui l'occupent d'habitude, absolument comme l'âne du moulin. Or, si par quelques connaissances, j'ai prouvé que j'étais familier avec la matière que je traite aujourd'hui, on en conclura tout naturellement,

que tout l'esprit que je puis avoir,
est souvent appliqué à réfléchir sur la
mode. Voilà un syllogisme en bonne
forme. Mon professeur de logique ne
l'eût pas mieux fait, et, s'il l'entendait, il crierait *bravo! bravo!* aussi fort
que le *dilettanti* le plus enthousiaste de
madame Sontag. Je le livre aussi tout
entier à mes confrères, par la raison qu'il
n'est pas toujours inutile d'en placer un
dans la conversation, ça a l'air d'un raisonnement et cela produit bon effet. Un
seul syllogisme et deux dilemmes ont
valu à Jules, la réputation d'esprit fort et
profond. Le mien est destiné à servir de
modèle à ceux qui, comme moi, n'ont
pas déraisonné pendant un an sur ces
bancs,

D'où le raisonnement a banni la raison.

Je reviens à la conséquence de mon
raisonnement, et j'en pars pour donner
plus de crédit, plus de poids à cette remarque, que les objets sur lesquels la
mode exerce le plus son capricieux empire, sont les deux choses les plus néces-

saires à la vie : le vêtement et la nourri-
ture, d'où je pourrais conclure encore
que cet empire est complètement bizarre,
que les hommes sont entièrement des
sots de s'y être soumis, et que la profession de *fashionable* est aussi importante
que celles de tailleur et de restaurateur,
puisque c'est lui qui règle la manière
dont doivent se nourrir et se vêtir un
million d'hommes. Tout le monde n'est
pas également respectueux envers la
mode. Il y en a qui ne lui sacrifient que
le choix de leur traiteur, et qui, satisfaits
d'être entrés dans le restaurant en re-
nommée, demandent, comme à leur *cui-*
sine bourgeoise, un *bœuf au naturel*, et
un *gigot braisé aux haricots*, qu'ils ont
encore la satisfaction de trouver plus
mauvais que chez eux. On a vu de ces
braves gens qui, conservant de leurs
vieilles habitudes, et cependant soumis
par un endroit à la mode, venaient dîner
à 2 heures chez Véfour ou bien au café
de Paris. D'autres plus avancés ont sacrifié jusqu'à leur heure, mais pas davantage. D'autres enfin mangent des mets

à la mode, choisissent de préférence ceux qu'ils entendent demander autour d'eux aux gens bien mis et qui semblent donner le ton ; mais ils mangent en gloutons et communément ; on voit qu'ils ont faim et qu'ils ne reviendront jamais de cette misère.

Un *fashionable*, quand il dîne au restaurant, y prend un air d'aisance et de protection. Le garçon qui le sert paraît enchanté de lui entendre demander quelque chose, et répète avec amphase : *des coulis pour le nº* 20 ? S'il est seul, ses yeux se promènent sur les différents groupes de dîneurs qui animent la scène ; il balance la carte, étend ses jambes, semble attendre avec impatience, regarde avec dédain même la bouteille de Chambertin, devant laquelle le gastronome serait à genoux. S'il a un ami, ils causent avec une certaine affectation d'aisance et de bon ton, qui donne la meilleure idée de leurs manières polies jusque dans la familiarité.

Dans un dîner de garçon, la gaîté est de rigueur : il faut rire aux éclats ; si alors on ne nous entendait pas dans les cabinets voisins, si on n'y demandait pas quels sont ces aimables fous, si on ne s'arrêtait point sous la fenêtre, si enfin nous en sortions sans un air échauffé, un peu de désordre dans la toilette et une gaîté piquante, nous serions perdus d'honneur et de réputation. Quant à cette porte secrète où l'on entend à peine le bruit des couverts, où les garçons discrets, vont parfois se donner doublement le supplice de Tantale, sans jamais troubler les convives qu'elle protège, si nous l'ouvrions, à quoi serviraient les cabinets particuliers? Souvent le repas de garçon est un déjeûner, le dîner se passe dans le cabinet.

Il me reste à traiter l'article des dîners en ville; mais là notre héros est un peu confondu dans la foule, surtout au moment où la conversation s'engage; c'est alors que nous pourrions hasarder le conseil d'essayer à fixer l'attention par un syllogisme. On pourrait en rire, paix donc !... et nous aussi; mais qu'il ne néglige pas la conversation particulière, qu'il en paraisse même très occupé, au point de sauver les apparences et d'avoir une raison pour ne pas prendre part à la conversation générale.

CHAPITRE IX.

LA CONVERSATION.

LECTEURS, allez-vous quelquefois à l'Opéra-Comique? — Oui, par habitude. — Il y en a qui sont des maladies, et je vous plains bien sincèrement d'avoir celle-là. — Cependant, c'est un théâtre national. — Sans doute, essentiellement national, puisque c'est la nation qui paye ses dettes ; mais ce n'est pas là où j'en voulais venir. — Voyons ? — Je ne vous ai fait cette question que pour m'assurer que vous comprendriez sur-le-champ, la phrase par où je veux commencer ce chapitre. — Quelle est-elle ? — Qu'il y a des gens meilleurs à voir qu'à entendre. — Ah! ah! je comprends, MM... et mesdames. — Je ne veux parler que du *fashionable.*

Nous l'avons vu, nous l'avons admiré à la promenade, dans ses relations avec

son tailleur, dans un restaurant où il
donne le ton. Nous n'aurons plus, pour
lui, assez de formules louangeuses,
quand nous allons le suivre au spectacle,
au bal surtout... auparavant écoutons-le
un instant et... de la patience. Le style
est tout l'homme, a dit Buffon, et il s'est
trompé, comme lorsqu'il nous a expli-
qué la formation du globe. Le *fashionable* est tout entier dans sa toilette. Il
ne parle que parce qu'on a l'air bête,
quand on ne dit rien et que cet habit là
ne peut jamais être à la mode. Du reste,
sa conversation est exactement celle de
M. *Beaufils*. Il l'a apprise par cœur et
lorsqu'un des interlocuteurs lui a donné
la réplique, qu'il attendait pour connaître le sujet de l'entretien, alors il part,
et s'il rencontre sa tirade, on voudrait
l'arrêter que cela deviendrait impossible.
Autrement il ne lance, encore comme
M. *Beaufils*, que des monosyllabes,
et il ne sort pas de là. Il ne change jamais
d'avis, qu'en passant dans un autre salon.
Vient-il à s'apercevoir qu'il a dit une sottise, il n'est ni troublé, ni confondu; il

ne cherche point à la soutenir en paroles, ce n'est que par un signe de supériorité et presque de dédain pour ceux qui l'ont remarquée.

C'est fort bien, dira-t-on, amusez-vous, glosez tout à votre aise sur des gens que vous admiriez tout à l'heure; vous êtes trop sûr qu'ils ne vous répondront pas. Mais ne serait-il pas mieux et plus charitable de les éclairer, de les instruire? Ce serait difficile : à moins de publier une longue suite de conversations faites d'avance et sur toutes sortes de sujets, ce qui nous mènerait trop loin. Mais on peut indiquer les causes les plus répandues; les sources principales, où un *fashionable* pourra puiser ce qu'il ne peut s'empêcher de dire; et c'est à quoi je songeais.

Sur le temps, nous ne connaissons à consulter que le baromètre, car *Mathieu Lœnsberg* n'inspire plus de confiance. Il n'est cependant pas inutile de prédire, par-ci par-là, un changement dans l'atmosphère. Après cela il ne faut ni beaucoup d'instruction, ni bien de la pénétra-

tion pour dire que le temps est superbe,
qu'il est lourd; on peut ajouter que l'air
que l'on respire échauffe le sang, et l'on
passera presque pour un *Gall*, un *Brous-*
sais, un docteur, en un mot, ou pour un
âne.

La mode est l'élément du *fashionable*;
ainsi, toutes les fois qu'il en voudra causer, il n'aura qu'à suivre ses propres inspirations. Il faut en convenir et rendre
justice au mérite, quand la conversation
roule sur les modes, le *fashionable* y
prend part avec la vivacité d'une pie, la
facilité d'un babillard et tout l'esprit d'un
Danois. Cependant comme il ne faut rien
négliger, surtout lorsqu'il s'agit du *pal-*
ladium, nous lui conseillerions de consulter de temps en temps quelque petite
ouvrière lingère ou une demoiselle de
magasin surtout. Les anecdotes sur la
robe de mademoiselle une telle, la gorge
de madame D..., l'origine de tel ou tel
fichu, adopté souvent par l'absence de
telle ou telle chose; tout cela raconté
d'une manière piquante peut se répéter
avec avantage :

Felix qui potuit rerum cognoscere causas.

« Heureux qui a pu pénétrer tous les secrets. »

Parlons politique, c'est la conversation à la mode. Il est du meilleur ton, en outre, de se faire dire, par une dame, que l'on aborde l'armée turque ou l'armée russe à la bouche : « De grace, laissons cela, et soyez aimable. » Que faut-il faire pour pouvoir causer politique : y connaître quelque chose, on deviendrait ennuyeux ; lire le *Constitutionnel*, fatigant ; le *Courrier*, trop long ; *les Débats*, incompréhensible ; le *Moniteur*, assommant. Nous avons beaucoup perdu sous ce rapport, par la chute de quelques petits journaux qui, sous le voile de la littérature, donnaient chaque matin, et les nouvelles les plus saillantes et la pointe avec lesquelles on pouvait les répéter. Aujourd'hui que tous les journaux de ce genre ont le droit de tout dire, je voudrais qu'un d'entre eux, fut, pour nos gens à la mode, un guide de conversation pour toute la journée, dans toutes les circonstances qui peuvent s'offrir ; il aurait des abonnés ! en attendant, nous con-

seillons à nos lecteurs d'écouter autour
d'eux, pour s'instruire en politique, ou
de lire *le Messager des Chambres.*

Beaux-arts, théâtres, littérature, pour
tout cela que nos *fashionables* lisent les
journaux, fréquentent les ateliers d'artistes, les foyers, et là, ils en entendront
plus qu'il ne leur en faut. Nous leur re-
commandons aussi M. *Beaufils.*

Il y a cependant, de par le monde,
quelques *fashionables* qui réussissent à
tenir le dé de la conversation sans pour
cela renoncer à l'heureuse paresse, si
nécessaire à la complète élégance. Que
faut-il pour cela? je répondrais presque
avec un homme célèbre dans un tout
autre genre, de l'audace, encore de l'audace et toujours de l'audace! Oui, avec
cette utile clé, le *fashionable* peut tenir
tête au littérateur, au philosophe, au savant, au politique.

Exemple. Un élégant se trouve lancé
dans une société ennuyeuse où les gens
graves pullulent. On parle science : il
baille, lève les épaules, paraît au supplice.

— Et, Messieurs, s'écrie-t-il enfin
tout-à-coup, est-ce dans un cercle qu'on
doit s'entretenir de pareil sujet. Vous en-
nuyez ces dames, et, quant à moi, j'avoue
que ce n'est pas ici que j'aime à me rappeler mon *Thénard*, mon *Biot* ou mon
Arago!

Quelquefois cette bombe d'essai suffit
pour lui donner gain de cause. Quelquefois aussi l'on insiste. Alors le *fashionable* s'écrie que les sciences dessèchent
le génie. Il donne son arrêt d'un ton ab-
solu, avec la prétention du paradoxe. On
l'écoute. Il répète alors quelques-uns des
mille et un *bons mots* contre les pédans
qui traînent dans tous les *anas*, dont
cette classe de *fashionable* doit faire sa
lecture quotidienne, quelques personnes
de la société rient, les femmes s'écrient :
il est charmant!

Parle-t-on de littérature? Un vieil auteur donne le ton à la société. On ap-
plaudit à quelques beaux vers.

— Je n'aime pas ces vers, dit l'élégant,
c'est fade et vieux : je suis romantique...

On veut disputer. Le *fashionable* se tait

et a l'air de dire, vous n'êtes pas à la hauteur du siècle. Il est inutile que je parle, vous ne me comprendriez pas.

Un jeune enthousiaste se fait-il au contraire admirer en exaltant les doctrines du *Globe*. L'élégant se déclare classique, rit aux éclats, après chaque phrase d'une argumentation chaude et serrée, et attend le moment de placer un bon mot de M. de Jouy, ou une grosse plaisanterie de MM. tels ou tels contre le nouveau genre.

Ces exemples suffisent, je pense, pour montrer comment l'élégant peut parler de tout sans avoir rien appris : mais que celui qui n'a pas pu se défaire de toute timidité n'aborde point ce rôle dangereux; nous le répétons, pour s'en bien tirer, il faut une imperturbable assurance.

CHAPITRE X.

DU BAL.

La première partie de la soirée d'un *fashionable* se passe au spectacle après un dîné terminé à huit heures, il va voir l'actrice en vogue, la pièce nouvelle. Il se montre au foyer des Bouffes, du Gymnase, de l'Opéra, même de la Porte-Saint-Martin. Il entend juger, louer, critiquer autour de lui ; il se promène, paraît supérieur à tous ceux qui l'environnent, et, pour le mieux prouver, ne dit pas un mot. Quelques observations recueillies dans cette petite promenade, lui serviront au bal où il est invité. Deux ou trois vont s'ouvrir. Auquel ira-t-il ? C'est ce sur quoi il médite gravement en se chauffant les pieds ou en s'étendant sur un canapé. La onzième heure a sonné! il sort sans s'être décidé et va provisoirement à sa toilette.

À minuit son tilbury l'a transporté dans la cour d'un brillant hôtel, où déja le son des instrumens invite au plaisir, où les fenêtres, éclairées par mille flambeaux, trahissent les légers mouvemens de la danse et de la walse amoureuse. Allégé d'un élégant manteau : « Je retournerai probablement dans la voiture de la petite marquise, qu'on ne m'attende pas. » Tels sont les adieux qu'il donne à son *groom* ; et le voilà présenté à la reine du bal ; bientôt, mêlé parmi la foule des danseurs, où quelques regards le distinguent. On joue partout : c'est d'abord aux tables d'écarté que se fixe notre héros : il examine, il regarde. Ce quartier est ordinairement, dans un bal, celui des gens de mérite. Nous avons des grands hommes qui jouent, et le nombre en est même assez considérable. D'autres, plus sages, ne font que causer et parier à de longs intervalles et préfèrent encore ces salons à ceux que la danse rend trop bruyans pour leur entretien. Pendant ce temps le *fashionable* erre, lorgne, cause ; mais la foule s'augmentant et l'assemblée étant

bientôt un véritable rout, les tables de
jeu s'établissent jusque dans le coin des
salons où l'on danse, tout ce qu'il y a de
femmes à la mode et un peu famées s'y
trouve réuni en un instant, et alors le bal
présente l'aspect le plus animé. De la
contre-danse à la table où il parie, le
fashionable ne fait qu'un saut. Il faut
voir avec quelle adresse il se faufile,
sans rien flétrir, sans rien toucher au
milieu de ces roses toutes plus brillantes
les unes que les autres; ses yeux, ses
mains sont constamment occupés... Cinq
heures sonnent! c'est l'heure du départ;
les salons deviennent déserts; déja plusieurs voitures ont roulé sur le pavé solitaire, les débris du bal, la fatigue et la
vapeur de mainte petite maîtresse... On
se forme alors en groupe, la conversation devient plus intime, plus particulière.
On commence à offrir sa voiture, à chercher un bras. Le vieux baron, qui a perdu
sa bourse au jeu, dispute poliment sa *jeune
épouse* à un beau danseur. Le *fashionable* alors regagne son gîte ou celui... ou
encore celui... ou bien honteux, mais

honteux comme le renard de La Fontaine,
il rejoint tristement ses pénates, éveille
avec brusquerie sa portière, ses domestiques, casse quelque chose dans son appartement, s'endort de mauvaise humeur,
pour se réveiller consolé... par un songe.

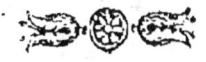

CHAPITRE XI.

LA CAMPAGNE.

JUSQU'A présent notre *fashionable* n'est pas sorti de Paris; c'est tout au plus s'il est allé jusqu'au bois de Boulogne, et cependant, quoique notre capitale ne se déborde pas dans ses environs, durant l'été, autant que celle d'Angleterre pendant l'hiver, nous avons pourtant des châteaux, des maisons où nous transportons Paris dans la belle saison, avec cette différence, toutefois, que les Anglais n'ont de maisons de plaisance qu'à quinze ou vingt lieues de Londres, tandis que souvent les nôtres sont à la porte, ce qui est beaucoup plus commode

Pour nous qui ne montons que des chevaux anglais,

et surtout qui nous fatiguons si vite de la belle nature. On fait cependant à la campagne des parties délicieuses, à ce qu'on

dit du moins; mais quel contre-sens fait
le pauvre bourgeois qui traduit : *partie de
campagne*, par un dîner sur l'herbe, une
cavalcade en famille, un orage qui mouille
tout le monde, de la boue, et, malgré
tout cela, du plaisir, parce qu'en fait de
réjouissances, dès que le *Parisien* est
lancé,

On voudrait l'arrêter qu'on ne le pourrait pas.

Au lieu de faire gaîment ses préparatifs, le *fashionable* baille presque en
disant : *Je vais partir pour la campagne.*
Il sait quelles dames l'y attendent; combien le bal y sera brillant; il calcule tout
le plaisir qu'il aura à voir jouer des pro-
verbes par des femmes adorables; et l'a-
moureux de la troupe auquel on porte
envie, et le père noble dont on se mo-
que réellement. Si tout cela était à Paris!
s'il ne fallait pas faire deux lieues pour y
arriver! Il se décide pourtant; il part. L'y
suivrai-je? A mon âge c'est difficile, et
depuis qu'après avoir manqué plusieurs
voitures j'ai été obligé, en pareil cas, de
faire le voyage en *coucou*, j'ai juré de ne

8.

plus m'exposer à semblable mésaventure,
et de rester chez moi. Si j'osais espérer
de compter le pape ou quelque arche-
vêque parmi mes lecteurs, je passerais
par-dessus le serment, lui en demandant
une absolution tacite; mais comme ces
saints hommes, outre les livres pieux,
ne lisent que les mauvais, pour les connaître, et que le mien a un grand caractère d'innocence, je prierai mes six lecteurs de se contenter de la lettre que j'ai
reçue l'été dernier d'un de mes bons amis,
retiré, comme Jean-Jacques, avec un
peu de misanthropie. Je passe sur les sa-
lutations d'usage.

« Il faut avouer, mon ami, qu'on est
« bien changé depuis notre temps! est-ce
« que les parties fines ne se feraient qu'à
« Paris, maintenant? je n'en vois plus
« dans nos environs, et si j'aperçois en-
« core quelques couples par-ci par-là,
« ils me paraissent vraiment amoureux,
« et demeurent ensemble tout l'été. Quel
« abus! quelle étrange révolution dans
« les mœurs! Retiré dans cet ermitage,
« j'espérais y rencontrer de temps à

« autre quelqu'un de ces jeunes *gaillards*
« frais et dispos, comme nous étions il y
« a bien quatre ou cinq lustres; mais ils ne
« font que se montrer et disparaître; je
« n'oserais pas affirmer qu'il prennent
« le loisir de conter *fleurette* aux fraî-
« ches jardinières et aux petites laitières.
« Si parfois, errant entre mes chênes, je
« surprends un couple, j'espère y porter
« l'épouvante; je m'en fais d'avance un
« malin plaisir; pas du tout, ma vue ne
« les trouble point, ils ne rougissent pas,
« ils ne s'enfuient pas, ils poursuivent
« paisiblement leur promenade... *O tem-*
« *pora! o mores!* Est-ce qu'il n'existe
« plus que des femmes et des maris?

« J'ai rencontré quelques-uns de vos
« *fashionables,* ils ont l'air de bien s'en-
« nuyer, et de ne penser qu'à la capitale.
« Toute la matinée, jusqu'au moment du
« dîner, et toute la journée lorsqu'il n'y a
« ni bal, ni spectacle, ni concert, semble
« être pour eux un temps de supplice au-
« quel ils voudraient pouvoir se hâter d'é-
« chapper. La chasse les fatigue, la pê-
« che les endort. Rencontrez-ils parfois

« une dame vaporeuse : j'en ai surpris
« une à qui l'un d'entre eux disait, en
« parlant de la chasse, qu'il était trop
« nerveux, trop sensible pour un plaisir
« aussi barbare, aussi cruel ; et la dame
« de bailler en l'écoutant. Eh ! mon ami,
« que sommes-nous devenus ? » . . . . .
. . . .

Suivent les détails sur les comédies,
sur les bals. Il y a une telle identité entre
ces soirées et celles que nous avons dé-
crites à Paris, que notre ami lui-même y
renverrait le lecteur, étonné de voir qu'on
s'amuse aujourd'hui exactement comme
à la campagne.

CHAPITRE XII.

LA NUIT.

La toilette, les visites, la promenade, les repas, le spectacle, le bal; n'en voilà-t-il pas autant qu'il en faut pour remplir les quinze ou seize heures pendant lesquelles un homme est éveillé? Oui, sans doute; mais il n'en faut rien rabattre. Si une seule de ces occupations importantes et de première nécessité, a été négligée, je vois d'ici, pendant une heure ou deux, l'ennui s'alonger sur le masque de mon héros, une contraction nerveuse lui fait faire la grimace, dérange sa cravate, et cela peut-être au moment où, une beauté captive, passant entraînée par un Ménélas parisien, il pouvait d'un coup d'œil, affliger l'hymen et servir l'amour. Il importe donc au bonheur du *fashionable* que tous ses momens soient remplis, et alors, vers cet instant de la

journée que l'on appelle vulgairement
minuit ou une heure du matin, il regagne son hôtel, fatigué, mais radieux.
A l'époque des bals, il n'y a point de nuit
pour un *fashionable*, et partant, nos observations tombent d'elles-mêmes. Si au lieu
de ces bienheureuses occupations, sa toilette n'a pu être complète ; si des prévi-
sions trompeuses lui ont fait prendre un
costume de pluie, par le plus beau temps
du monde ; si dans plusieurs visites il n'a
rencontré ni la marquise ni la comtesse,
ni la petite banquière, ni même la femme
du commissaire de police ; s'il est arrivé
trop tard à la promenade ou bien si quelque indisposition de son cheval chéri, l'a
contraint à errer dans les Tuileries aban-
données au petit monde, tandis que les
gens comme il faut se portaient au bois
de Boulogne ; qu'en outre il ait dîné entre
un calculateur et un véritable savant,
vis-à-vis un vieux soldat qui ne connaît
de vertu que le courage et ne parle que de
batailles, mais en parle bien ; que pour
fuir une semblable société, un mauvais
génie l'ait porté aux *Variétés* ou aux

Nouveautés quand tout est vide ; alors comme celle de Poudret, quand il n'a pas fait de perruques, sa journée est à la titus. Il a perdu sa journée.

Alors aussi, quand il rentre chez lui, c'est tristement, sans rien dire. Il prend un livre, qu'il rejette. Il maudit la vie et pourtant il s'endort avec l'espoir d'être plus heureux le lendemain. Il y a partout de la philosophie. Cette nuit-là est assez insignifiante, il n'en est pas ainsi de toutes les nuits du *fashionable*. Celui que nous avons vu rentrer si content de lui-même, n'a pas essayé à lire, mais il s'est étudié dans sa glace, il a défait lentement sa toilette, il a noué un cachemire autour de sa tête avec une sorte de coquetterie ; qui sait s'il n'aura pas de visite le lendemain, avant que le sceptre du réveil n'ait touché sa paupière ? Il se prépare à chercher du repos avec une certaine lenteur, il parcourt plusieurs fois, mais très vite, le cercle de son Olympe. Et quand il s'est enfin étendu sur ce que tous les Français appellent un lit, quoiqu'il y ait entre tous ces

meubles-là bien de la différence, seulement depuis le premier étage jusqu'à la
mansarde, avec quel ravissement il se
prépare au repos, avec quel abandon il
sourit aux pavots de Morphée. Deux
heures après il sourit encore, il est peut-
être heureux en songe ! ailleurs deux rideaux bien hermétiquement fermés ne
laisseraient pas même voir au lutin de
Lesage, si celui qui y repose, rêve le
bonheur, et cependant il semble qu'on
le respire partout, qu'il est dans les plis
de cette mousseline azurée, que les soupirs qui partent de la couche fortunée
remplissent l'atmosphère de cette charmante demeure. Plus loin un de nos amis
n'est pas rentré, et son lit est resté dé-
sert... Puisse au bas de cette page, notre
aimable lecteur, ne pas souhaiter, en
baillant, qu'il lui soit permis d'y som-
meiller.

CHAPITRE XIII.

LES PARTIES FINES.

Il n'est pas encore midi et déjà l'élégant Florville a baillé trois fois et trois fois a porté la main sur le ruban rose qui attache sa sonnette, trois fois il a remis la tête sur le moelleux oreiller, incertain de savoir s'il est possible à un homme à la mode de se lever à une telle heure. Enfin l'amour l'emporte, la sonnette a fait entendre ses sons argentins et une voix languissante a prononcé : James ! — Le *groom* arrive bientôt, et avec un accent qui, en dépit de son nom, rappelle plutôt la basse Normandie que la vieille Angleterre, demande avec respect ce que désire monsieur.

— James, répond le *fashionable*, avez-vous été chez ce vieux coquin d'Adam Roostman ?

— Oui, Monsieur.

9

— Et bien! viendra-t-il, puis-je compter sur lui?

— M. Roostman ne paraissait pas d'abord très disposé à venir vous voir aujourd'hui, mais mon instance a enfin vaincu ses refus et je l'ai amené avec moi.

— Est-il donc là, James?

— Oui, Monsieur.

— Et vous ne me le disiez pas; imbécille! vite, vite mon pantalon de tricot et ma robe de chambre. — C'est bien. — Faites entrer ce chien de Juif.

Et Floryille après avoir renoué avec grace le turban de cachemire bicolor qui décorait son chef s'était enfoncé dans sa bergère et parcourait nonchalamment les journaux de modes et de théâtre entassés sur un riche guéridon.

— Ah! c'est ce bon M. Roostman!... asseyez-vous donc, mon cher, voulez-vous en attendant votre déjeûner, prendre une tasse de thé avec moi?

Bien obligé, Monsieur, mais il y a déja plus d'une demi-heure que j'ai dîné.

— Dîné, ah! ah! ah! je n'y songeais

pas mon bon Adam, j'oubliais que vous étiez un espèce de patriarche! ah! ah! ah! mais parlons d'affaires sérieuses...

— Oui, parlons d'affaires. J'ai apporté avec moi les trois petites lettres de change, montant ensemble avec les frais à.....

— Allons, allons, mon cher Roostman, nous parlerons de cela plus tard...

— Mais, monsieur?

— Vous ne vous figureriez pas jamais, mon cher, combien j'ai besoin d'argent aujourd'hui.

— Ah! monsieur, les temps sont si chers.

— Oui, et j'ai perdu hier mes deux cents derniers louis, à l'écarté, contre cet imbécille de Vercourt.... Vous connaissez...

— Si je le connais! Il me doit plus de..

— Bien, bien; enfin, mon bon Adam, il me faut aujourd'hui quinze mille francs. (*après un instant de silence*) J'ai compté sur vous.

— Sur moi, saints patriarches! et comment voulez-vous qu'un pauvre diable comme moi se procure une pareille somme!

—Oh! oh! cherchez bien, mon cher; il y a long-temps que nous nous connaissons, et je sais que vous avez plus d'écus de cachés que Vercourt n'a fait de folies ou que la petite Fanny n'a d'amans. Je vais envoyer James chez vous?..

— Y songez-vous, monsieur? quinze mille francs! Je n'ai pas seulement quinze mille sous! Vous et vos amis vous m'avez ruiné!

— Allons donc, est-ce qu'Edouard ne vient pas d'hériter? Est-ce qu'Ernest n'a pas gagné au salon de quoi vous satisfaire? Ah! mon brave, nous savons de vos nouvelles!

— Misères que cela, monsieur. Ces deux débiteurs me devaient si peu de chose en comparaison des autres.

—Je suis pressé, mon vieil Adam, très pressé. Voyez, on ne peut pas se lever à une pareille heure sans une affaire importante! Finissons, je vous en supplie, je ne vous laisse pas sortir d'ici que vous ne me promettiez mon argent.

— Si monsieur voulait que nous réglassions d'abord nos anciens comptes.

— Eh bien! soit, pourvu que vous vous dépêchiez.

— Cela ne sera pas long. Vous savez bien, monsieur, que depuis les nombreuses pertes que j'ai faites, ce n'est plus moi qui prête. Je ne suis que l'intermédiaire d'un brave homme de mes amis, et ce, par pure obligeance. Ah! je l'ai payée cher mon obligeance! On me tombe à présent sur les bras. Croyez-vous que pour renouveler vos trois traites et les reculer d'une année, on demande que des vingt mille francs, nous les portions à trente...

— Ah! ah! c'est un peu exorbitant.

— C'est bien dans un an que vous atteignez votre majorité, M. de Florville?

— Oui, mon cher.

— Eh bien! l'on exige encore que vous ne datiez pas vos lettres, pour éviter toutes chicanes. J'ai en vain assuré que je vous connaissais et que je répondais de vous; ils n'ont rien voulu entendre.

— Allons, il faut bien en passer par là.

9.

— J'ai justement sur moi du papier timbré. Tenez, monsieur, faites seulement trois petites acceptations de dix mille francs chacune, je les remplirai moi-même. Bien. Je vous remets en échange vos anciens billets; il faut songer à tout; et si j'aime à me mettre en règle, je veux aussi que les autres soient contens.

—Est-ce tout, mon bon ami, mon vieil Adam? Parlons maintenant de nos quinze mille francs.

— Je connaissais bien un homme qui vous les prêterait peut-être, mais il est si avare, si avare, il vous écorcherait tout vif. Il n'y faut pas songer.

— Si fait, si fait, faites-moi connaître ce brave homme, c'est me rendre la vie!

— Je m'en fais un cas de conscience; mais puisque vous le voulez absolument je vais passer chez lui et je reviendrai dans un quart-d'heure. Cependant, jeune homme, songez bien que je ne vous conseille pas de semblables affaires!....

— Je le sais, je le sais, oh! nous sommes de vieux amis, il y a long-temps que j'ai su apprécier votre désintéressement. Partez donc, et revenez vite.

L'honnête juif revint en effet après une courte excursion, et apporta les quinze mille francs. Florville était ravi, il ne se sentait pas de joie, et il signa sans peine de nouvelles lettres de change avec un modique intérêt de cent pour cent, car son vieil ami, malgré tout son savoir-faire, n'avait pas pu réussir à moins. Si l'on regardait à ces misères il faudrait parfois renoncer au rôle de *fashionable*, et cependant, quel bonheur de se voir accueillir partout comme l'homme à la mode!

Nous tirons de cette petite scène un axiome d'une générale application et qui rentre tout-à-fait dans notre sujet, c'est que pour un élégant qui ne veut pas se perdre de réputation, le préliminaire indispensable d'une partie fine est d'avoir de l'argent, beaucoup d'argent; *ergò*, quand le secrétaire est vide et la bourse plate, il faut avoir recours à l'usurier;

Avant d'aller plus loin, appliquons cette règle capitale aux diverses classes

d'élégans. Nous venons de voir, par
l'exemple du jeune Florville, les ressources de la classe la plus heureuse des
fashionables, mais à celle-là seule n'est
pas accordé ce beau titre. Il y a aussi
des *dandys* de la petite propriété et des
élégans du quartier latin ; notre axiome,
vrai pour eux, comme pour les premiers,
n'a pas absolument les mêmes consé-
quences. Il faut le prouver par des faits.

La classe de *fashionables* à laquelle ap-
partient Florville représente les petits maîtres d'autrefois, les élégans marquis et les
brillans vicomtes que notre théâtre a souvent chantés. Elle est composée de riches
orphelins qui cherchent à manger d'a-
vance leurs revenus, des héritiers d'on-
cles opulens et septuagénaires, etc. Ceux-
là trouvent toujours les usuriers disposés
à les servir, et partout ils ne manquent
jamais de l'argent nécessaire à alimenter
leur train de vie.

Les *dandys* de la petite propriété sont
les fils de bourgeois qui, pour vivre en
élégans sont obligés d'emprunter non sur
leurs revenus, mais sur leurs capitaux

futurs. Ceux-là sont obligés de faire la cour aux usuriers. Ils se ruinent avec quelque peine et attendent assez long-temps les prêts usuraires qu'ils parviennent à obtenir.

Avant de songer à organiser une partie-fine, le jeune Dorval, après avoir dépensé en quinze jours sa pension de toute l'année, est obligé de recourir aux expédiens. Il va trouver notre ami M. Adam Roostman :

— Bonjour, M. Roostman; diable, si matin, vous êtes déja à compter vos écus; mais vraiment vous êtes trop riche aussi.

—Ah! M. Dorval, les temps sont durs, cet argent n'est pas à moi; je m'assurais, avant de le remettre à mon vieil ami Abraham, si ces louis avaient le poids; mais m'apportez-vous de l'argent, M. Dorval?

—Pardieu! oui, de l'argent, on croirait que j'ai, comme vous, des louis cachés dans ma paillasse! Je viens au contraire vous emprunter un millier de francs, mon bon M. Adam.

— Brrr, mille francs, j'ai renoncé au

commerce, et d'ailleurs, tant que vous n'aurez pas réglé notre ancien compte ne me parlez de rien.

— Oh! je sais bien que vous vous attendrirez, mon bon Roostman, n'est-ce pas, vous vous attendrirez. Nesavez-vous pas que vous n'avez rien à craindre. N'ai-je pas bientôt vingt-un ans. Je vais jouir du bien de ma mère, 120,000 francs, mon cher, 120,000 fr.!

— Oui, du train dont vous y allez, vous en aurez bien pour six mois.

— Ah! par exemple!

— Un jeune homme comme vous, qui pourrait être si heureux! mais il vous faut des chevaux, des cabriolets de louage, des calèches même; ah! si j'en avais fait autant, je serais aujourd'hui sur la paille.

— Dès que je serai majeur je veux être rangé, je ne louerai plus de cabriolets, j'en aurai un à moi!...

— Belle réforme!

— Allons, papa Roostman, mes mille francs et je pars...

— Je ne demanderais pas mieux que de vous obliger. Mais, par le Dieu de Jacob, je n'ai pas mille francs ici... Cependant, attendez, si vous voulez prendre des marchandises.

— Oui, mais vous m'en donnerez donc pour quinze cents francs?

—Allons, faites-moi votre lettre de change. Quinze cents francs. C'est cela. Tenez maintenant voilà déja cinq cents francs en or; plus une cinquantaine de bouteilles d'absynthe excellente que je vous vendrai pour rien....

— Et que voulez-vous que j'en fasse de votre absynthe!

— 8 francs la bouteille! cela fait tout juste 400 francs; aimez-vous mieux que je vous rende vos billets?

— Oh! non! écrivez donc 400 francs.

— Plus un cachemire de 400 francs.

— Bon!

— Cent francs pour les intérêts; et pour les derniers 100 francs je vous réserve un morceau curieux dont il me coûte de me défaire, c'est une hallebarde dont se servait, à la bataille de Pavie, le chef des Suisses de François Ier.

— Oh! par exemple c'est trop fort, à

quoi voulez-vous, pour dieu! que me serve votre rouillarde?

— Rien n'est fait si vous voulez, rendez-moi les 500 francs.

— Allons, papa Adam, chargez-vous de me défaire de toutes ces guenilles; au revoir.

— Au revoir! M. Dorval, ne laissez pas au moins protester vos lettres de change, car je ne les rembourserai pas et il me serait pénible de vous voir à Sainte-Pélagie.

— Chien de Juif! s'écria le jeune homme en descendant l'escalier.

Et le respectable escompteur lui porta le lendemain cinquante écus pour le prix de l'absynthe, du cachemire et de l'antique hallebarde.

Les élégans du quartier latin n'ont point accès chez le complaisant Adam Roostman; sa propension à obliger les jeunes gens ne va pas jusqu'à eux. En pareille circonstance force est, pour eux, de mettre leur montre en gage ou de vendre à moitié prix, au libraire voisin de leur hôtel, *Merlin*, *Cuvier*, *Toulier* et *Pardessus*.

Tels sont les préparatifs indispensables d'une partie fine; une fois le gousset bien garni tout devient facile, et à quelque classe qu'appartienne le *fashionable*, il est sûr de trouver partout un accueil favorable, beaucoup d'amour et beaucoup de plaisir pour son argent.

Voyons maintenant quels sont les charmes d'une journée si bien préparée, et pour suivre une progression ascendante, commençons par la partie fine de l'étudiant.

A dix heures, Paul Arnal a déja rempli sa bourse; on est plus matinal rue Saint-Jacques que dans la Chausée-d'Antin; il entre au café de l'École de droit où il lit les journaux, en prenant sa tasse de chocolat qui doit le conduire jusqu'à l'heure du dîner. Sa petite excursion a donné le temps au garçon de l'hôtel de brosser l'habit noir et le feutre blanc. Il rentre et se revêt de son plus beau costume; sa cravate réclame au moins une heure de soins; il est encore devant sa glace lorsque la cloche de la Sorbonne, en sonnant midi, lui annonce l'heure du ren-

dez-vous. Il part leste et fringant en fre-
donnant l'air de walse de *Robin-des-Bois*.

Sur la place Saint-Michel on remarque,
non loin de la rue d'Enfer une élégante boutique dont les rideaux de taf-
fetas vert dérobent l'intérieur aux regards des curieux. Des lettres d'or au-
dessus de la porte annoncent aux passans
que le joli réduit est un magasin de
modes. Notre étudiant lorgne la boutique
en respirant à peine et jette furtivement
un regard sur les rideaux dont un petit coin est entr'ouvert; un grand œil
noir s'est montré dans l'étroit espace,
Paul a fait un signe, on lui a répondu :
il marche d'un ton plus dégagé, reprend
son air favori et va s'asseoir nonchalamment sur une chaise dans la grande allée
du Luxembourg. Bientôt une robe blanche se dessine dans le lointain, Paul a
remarqué un barège bleu qu'il connait
bien, un chapeau de paille et un voile de
gaze se balance modestement dans les
airs à demi-cachés par une ombrelle légère. C'est Honorine, c'est bien elle, le
jeune homme lui a déjà offert son bras et

tous deux prennent sous les arbres du café voisin, la limonade à la glace réservée pour les grands jours.

Bientôt le couple aimable a traversé l'avenue de l'Observatoire, un *coucou* les reçoit entre ses planches mal jointes et ils se font cahoter jusqu'à Sceaux, rendez-vous ordinaire de mille couples d'amans. Le parc, la vallée d'Aulnay sont les discrets témoins de leur longue promenade que ne vient troubler aucun soucis. Le chapeau d'Honorine et la boutonnière de Paul sont parés des fleurs qui émaillaient naguère la prairie, l'herbe est à peine foulée par leurs pas légers, et les échos des bois du Plessis répètent avec volupté leurs amoureux soupirs...

Six heures sonnent ; Paul et sa bienaimée rentrent dans Sceaux rassasiés de promenade, mais non pas de plaisirs. Les salons d'Anicet, le traiteur à la mode, leur sont ouverts, et le simple beefteck, les frais petits pois, la cerise vermeille et la fraise parfumée leur font goûter des plaisirs gastronomiques que Grimod de la Reynière n'a pas connus. Une demi-bou-

teille de Champagne achève un repas dé-
licieux dont un bon appétit a presque fait
tous les frais, mais qui n'en a pas moins
été fêté avec joie.

Déja quand ils quittent la table, de
joyeux refrains résonnent dans le parc; les
éclats de la gaîté se mêlent au bruit des instrumens, et de nombreuses guirlandes de
verres de couleur guident nos amans vers
le bal champêtre, dont la vogue a déja vu
briller quatre générations de danseurs. La
danse commence, Paul ne change point
de danseuse, Honorine refuse les plus
brillans *partners*, on se mêle, on se croise,
on saute plutôt qu'on ne forme des pas;
mais surtout on rit, et quand Honorine
rit, ses lèvres purpurines découvrent
deux rangées de dents si blanches!....
Onze heures sont bientôt venues. Quoi!
déja, dit Paul avec le ton du regret; déja,
répète sa belle avec un soupir; et le *coucou* ramène à Paris nos deux amans.
Après douze heures de plaisir, tu ne me
quittes pas, dit l'amant en sortant du
café Molière où l'on a dépensé en glaces
le reste de la bourse commune, et en

entraînant son amie vers la rue Saint-Jacques. — Et que dira madame?... Le lendemain matin ils se quittent avec regret, non sans s'être dit mille fois adieu, et dès neuf heures Honorine monte une toque à la Marie-Stuart dans le magasin de la place Saint-Michel, tandis que Paul écoute avec attention M. Pardessus parlant en *professeur* sur les Servitudes.

Il est peu de parties fines aussi simples, peu de moins onéreuses, et peu aussi, je pense, de plus agréables, et qu'on se rappelle avec plus de regrets.

On se doute bien que c'est un dimanche que se sont passées les scènes que nous venons de décrire; c'est un dimanche aussi que le jeune Eugène Dorval est allé chez son usurier; mais sa partie fine était fixée au mardi, car il est rigoureusement défendu à un élégant qui peut faire une certaine figure, de se livrer au plaisir le même jour que les *gens du peuple.*

Le mardi donc, madame Mathieu, la vieille femme de ménage, réveille Dorval à dix heures et demie pour lui donner son café. Quelle heure est-il, la mère? demande le jeune homme. Ah! si tard! dites à Jacques d'aller demander chez le carrossier de la rue de Bondy, la calèche verte dont je me suis servi la dernière fois. Il saura bien ce que je veux lui dire.

La toilette dure deux heures; c'est le moins que puisse mettre à se parer un *fashionable* en partie fine; son costume ne doit pas être comme celui du *dandy* du dernier étage, l'habit de cérémonie; il doit au contraire avoir l'air négligé; mais son négligé doit être des plus galans; quelques bijoux de bon goût en relèvent l'achat; et, sans le pas un peu lourd des chevaux de louage et le peu d'éclat des livrées, on pourrait prendre son équipage pour celui d'un diplomate ou d'un banquier.

La calèche s'arrête au coin du boulevard du temple, Dorval s'élance; il est bientôt sous les ombrages frais du jardin Turc où, au fond d'un bosquet connu, il rencontre madame de ***, dont le mari, vieux rentier du marais, doit être absent pour deux jours. Quelques mots tendres sont échangés; la dame joue l'embarras, l'amant joue la passion, ils ne se trompent ni l'un ni l'autre; mais chacun est content de lui, en croyant avoir abusé l'autre. Bientôt, bras dessus bras dessous ils marchent vers la calèche.

— Eugène, vous me compromettez; monter en voiture avec un jeune homme si près de chez moi!

— Ma chère Amélie, si j'avais su... J'aimerais mieux mourir....

Car un *fashionable* en bonne fortune doit toujours avoir des sentimens de la plus exquise délicatesse, surtout avec une femme mariée. Règle générale : moins on aime, plus le langage doit être passionné; *ergo* plus l'on monte haut dans l'échelle sociale, plus le sentiment doit apparaître dans des discours de feu. L'étudiant se contente d'un baiser, le jeune duc doit pleurer, et s'il ne meurt pas, il doit au moins aller quelquefois jusqu'à l'évanouissement.

La calèche roule; on traverse le bois de Boulogne. Quelle heure est-il? demande madame de ***. — Quatre heures, répond Eugène. — Quoi! il n'est que quatre heures, reprend la dame avec nonchalance. — Je croyais bien qu'il en était dix, dit à son tour l'amant passionné, et l'on fait encore deux tours de bois de Boulogne; cela n'est pas amusant, mais c'est de bon ton, et un élégant doit supporter les charges de sa position, s'il en veut goûter les charmes.

Six heures sonnent enfin; on est à la porte Maillot, et l'on s'est promis de dîner à Saint-Cloud; on met les chevaux au galop, on s'empresse; c'est toujours un bonheur pour un *fashionable* que de se ménager de ces petits momens de retard, qui donnent l'air occupé, on peut même se le figurer à soi-même, et cela ôte quelque chose de l'ennui, le plus grand ennemi de cette classe favorisée. On entre chez Griel, on demande un cabinet particulier; vingt garçons se hâtent de guider l'heureux couple dans le voluptueux réduit; des mets somptueux chargent la table; mais une dame de bon ton a peu d'appétit, et un élégant a un mauvais estomac; le dîner à peine entamé retourne à la cuisine, et le brillant dessert qu'a-

nime enfin le champagne frappé de glace,
donne un peu de gaîté au tendre couple
réuni par l'attrait du plaisir. Laissons-le
aussi discrètement que les hôtes du restaurant parler d'amour en savourant le
moka, tandis que le cocher et le jockei,
en buvant le surêne dans la cuisine, ser-
rent de près les robustes appas des ser-
vantes, et chantent à tue-tête ce gai re-
frain.

> Les gueux, les gueux
> Sont des gens heureux, etc.

La calèche se remet en marche; on
ordonne de prendre le pas: il reste encore du temps à perdre, on s'est promis
de s'amuser jusqu'à minuit. Il serait peu
décent de se montrer ensemble au spectacle; que faire? Le théâtre du Ranelagh
se présente; celui-là est sans conséquence; on y entre, c'est un moyen de
tuer le temps comme un autre; d'ailleurs
il y a quelque plaisir à dire et répéter
cent fois que les acteurs sont détestables,
la critique donne toujours un certain air
de supériorité, et c'est ce que ne doit jamais
perdre de vue un *fashionable*. Pauvres

artistes de la banlieue, sans le plaisir que l'on trouve à vous accabler de dédains, combien peu vous auriez de spectateurs! Pardon, messieurs, s'il est parmi vous quelqu'homme à prétention, mille fois pardon!

On rentre enfin, et l'on se console de s'être moins amusé qu'on ne se l'était imaginé, en se promettant de faire sonner bien haut sa délicieuse journée et de faire envier par cent autres un bonheur dont on n'a pas joui.

Les plaisirs du *fashionable* par excellence sont d'une autre nature; ce n'est pas sa *dame* qui a besoin de précautions, c'est lui; mais ses précautions apparentes pour n'être pas vues, doivent concourir à le faire remarquer davantage. A deux heures, il se trouve au rendez-vous avec l'actrice à la mode. Une calèche affiche trop; il a soin de prendre un landaw; mais un landaw découvert qui le laisse bien voir, et qui montre surtout à tous les yeux sa Dulcinée parée de tous ses charmes et des plus brillans atours. Pour lui, sa parure est cavalière, mais riche; il a l'air d'être

en habits du matin, quoiqu'il ait passé sa
matinée avec son coiffeur, son tailleur et
son bottier. Ses domestiques n'ont point
de livrées, mais tout le monde connaît
ses équipages ; il se montre dans les
lieux les plus fréquentés, en les traver-
sant au galop ; du bruit, beaucoup de
bruit, des propos lestes, un rire presque
continuel, même jusqu'à l'heure du dîner.
Des mets délicats, des vins exquis en font
les frais, et bientôt, dans une loge de
l'Opéra, l'heureux couple se fait admirer
par la foule de ces gens que l'éclat d'un
élégant étonne. Les lorguettes se bra-
quent sur Zelmire, qui sourit sans bais-
ser les yeux ; Florville jouit de son triomphe, et son plus grand bonheur consiste
à entendre dire qu'il est heureux. Les
chuchottemens des personnes qui le re-
connaissent l'enchantent, et il ne se doute
pas qu'il en est parmi elles qui se sont
écriées : L'insensé ! il se ruine ! et pour
qui !...

Tel est en général le tableau fidèle des
parties fines de nos *fashionables*; il en est
d'autres dont il nous répugnerait de par-

ler, ce sont celles trop nombreuses, peut-
être, où les frais sont faits par la beauté,
et où le cavalier est loin de courir à sa
ruine. Ces honteux amours ne sont point
de notre ressort. On peut pardonner la
folie, elle a quelquefois un côté aimable,
on ne peut jamais souffrir la bassesse.

CHAPITRE XIV.

L'ÉLÉGANT EN VOYAGE.

L'ÉLÉGANT à douze cents francs de rentes est bien malheureux en voyage ! Pauvre étudiant qui brillez à Paris, avec la portion congrue que vous décerne monsieur votre père, combien peu de ressources vous avez pour plaire en retournant dans vos foyers, et vous faire monter dans la rotonde des *Jumelles* où vous gâteriez en une heure vos coûteuses parures, si vous aviez l'imprudence de vous en revêtir. En pareil cas, il n'est qu'un moyen, c'est d'user d'adresse. Un excessif négligé a aussi son élégance. Un bonnet à la grecque couvrira votre coiffure naturelle, que vous pourrez soigner encore à l'aide d'une petite brosse portative. Une cravate à la *Colin*, un pantalon large, une redingote de castorine peuvent vous

11.

donner un certain air cavalier, et en ayant soin de porter sur vous votre étui à rasoirs et d'en faire usage à chaque *dîner*, vous pourrez encore faire les aimables avec quelque succès auprès de la jeune voyageuse que le hasard ou la destinée auront placée auprès de vous.

Mais laissons ce pauvre voyageur que les ennuis doivent suivre sur la route, et qui songe plutôt à expliquer à son père comment il se fait qu'au bout de trois ans il n'ait pas passé son premier examen, qu'à continuer son rôle séduisant de *fashionable*, pour suivre l'élégant dans les voyages qui lui promettent de la gloire et des succès.

Le *dandy* que la fortune favorise semble destiné aux voyages; il peut y briller d'un éclat encore plus vif qu'à Paris : quel sera donc le théâtre de ses excursions lointaines ? Ira-t-il charmer les échos du bois en leur confiant ses amoureuses douleurs sur un air de Rossini ? Non, les filles des champs le prendraient pour un maniaque, et, malgré ses trois cents manières de mettre sa cravate, ne feraient aucune différence entre lui et les autres messieurs de la ville. Ira-t-il en Grèce ou à Rome étudier les monumens des arts? Non, tout ce fatras scientifique n'est pas fait pour lui, ce plaisir-là est un travail, et il est de l'essence du *fashionable* de ne jamais travailler. Une cravate bien mise ne ressort ni au milieu des ruines, ni dans un riant et pittoresque paysage. Les graces de l'élégant sont essentiellement des graces de salon, elles ne peuvent souffrir de campagne que les parcs d'un château, et tout autre voisinage les ternirait. Où ira-t-il donc s'il veut voyager, car encore faut-il que Paris ne soit pas pour lui une prison, et il ne pourrait briller ni parmi les naïves campagnardes ni au milieu des simples provinciales; où ira-t-il? Et où voulez-vous qu'aille un *fashionable*, si ce n'est dans ces charmantes succursales de la capitale, si bien inventées par la médecine contre l'élégante maladie des vapeurs, ces salons de village où l'on trouve la Chaussée-d'Antin dans un site agreste, et le bois de Boulogne sur des montagnes escarpées! Où ira-t-il? Aux eaux!

Quelle ingénieuse invention que le voyage des eaux, quelle admirable ressource contre les maladies qui n'existent pas, combien, par cette œuvre de génie, la médecine s'est associée aux progrès de la civilisation, combien elle a rendu de services aux élégans et aux coquettes; quelle valeur elle a donnée de ces délicieuses attaques de nerfs qui désolent les maris et les pères, mais que le beau sexe a prises sous sa protection comme l'une de ses plus précieuses propriétés! Oui, messieurs les médecins, vous êtes devenus les régulateurs de la mode, les guides du bon ton, les directeurs de la société, les hommes nécessaires, depuis que vous avez enrichi nos dames des vapeurs et des attaques de nerfs, et que vous avez créé le paradis des eaux : cette découverte vous a rendus vainqueurs de Molière et de ses émules, vous avez cessé d'être de noirs pédans pour devenir des hommes aimables, et l'on vous a passé les sangsues et l'eau chaude en faveur de ce que vous aviez fait pour le bon ton et

pour la mode, cette déesse suprême de la
moderne Babylone.

Règle générale. Tout *fashionable* doit
avoir un médecin dans sa société intime ;
ce médecin doit être écouté, hors quand il
prescrit la diète dont on doit se délivrer
en invitant à dîner le cher docteur.
Quand l'élégant s'ennuie, le médecin
doit lui ordonner les eaux et lui recommander en même temps de voyager à petites journées.

Une berline de voyage est préparée.
L'élégant y monte dans un négligé galant ;
plusieurs amis des deux sexes atteints du
même mal que lui font, à frais communs,
le même voyage. Des volailles froides,
des beaux fruits, de bons vins remplissent les coffres ; car tout malade qu'on
soit, encore faut-il vivre. Un aimable
abandon s'établit ; chacun est chez soi,
partant chacun est à l'aise ; on se doit de
mutuels égards ; car entre malades et gens
à nerfs sensibles, la moindre contrariété
peut devenir dangereuse. Les dames prennent le soin de le rappeler à la société en
prolongeant un peu leurs attaques à la

plus petite mésaventure. La mélancolie, la sensibilité sont permises, la gaîté n'est point défendue; les caprices sont nécessaires, ils vont bien aux malades, et l'on se souvient que l'on est souffrant partout, hors à table.

Les chevaux de poste sont prêts; la voiture roule; les gais propos, les tendres galanteries font oublier le mal dont nos élégans sont atteints. On n'en parle que pour se plaindre naturellement, et il est si doux d'être plaint par une jolie bouche! Remarquons de plus qu'il est loisible au *fashionable* de souffrir les mêmes maux que la belle qu'il préfère; moyen infaillible d'établir au plus vite la sympathie. On s'arrête pour dîner, et d'abord il faut faire un peu de toilette, et quoi de plus agréable que cette gracieuse occupation? Un manteau jeté négligemment, une rédingotte passée à la hâte, complètent bientôt le costume de voyage et, à souper, donnent le prétexte d'une nouvelle toilette. Enfin rien n'empêche de faire de l'après-souper une vraie soirée parisienne, car il n'est pas nécessaire de se lever de

bonne heure, et rien aussi ne force à pré-
cipiter le départ le lendemain.

Ces charmans voyages sont peu goûtés
en comparaison des plaisirs que procure à
l'élégant le séjour des eaux. Là, il se
trouve entouré de gens qui tous savent
tenir compte de sa venue et apprécier son
ton, ses manières, son costume et ses
propos. D'ailleurs dans les *buveurs d'eau*,
il y a quelquefois de véritables exilés qui
n'ont pas vu le bois de Boulogne depuis
plusieurs semaines. Dans un tel espace de
temps, combien de changemens ne doivent pas être survenus dans le mobile empire de la mode, et l'heureux *fashionable*
qui leur apporte les nouvelles de la Chaussée-d'Antin, qui a vu le dernier *plaisir*
ou le Roi, est sûr d'être reçu comme un
apôtre apportant la lumière céleste au
milieu d'une congrégation de saints.

Nous ne devons pas en faire un mys-
tère, c'est une source de travaux réitérés
pour un élégant que le séjour des eaux.
Comme un diplomate habile, avant de
quitter Paris il doit s'être assuré des cor-
respondans sûrs et infatigables ; lire leurs

dépêches, leur expédier ses ordres deviendront pour lui un travail capable de fatiguer l'attention d'un secrétaire-d'état; mais combien ces laborieuses veilles lui procureront de plaisirs et de gloire! s'il a eu l'air d'être le mieux informé et le plus promptement servi, son séjour aux eaux sera un règne. A peine apprendra-t-on qu'une mode a brillé à Paris, qu'un nouveau chef-d'œuvre de *Winkler*, apparaissant dans tout son éclat sur sa personne, frappera d'admiration et remplira d'envie ses émules étonnés. Combien de cosmétiques, combien de coupes d'habits, combien d'étoffes nouvelles, combien de nouvelles manières de nouer sa cravate, combien de nouveaux coups de peigne peuvent être trouvés ou retrouvés dans une saison des eaux; chacune de ces découvertes peut être une occasion de triomphe pour le *fashionable* accompli qui sera parvenu à rompre les obstacles du temps et de l'espace. Oui, je le répète, les eaux sont le paradis terrestre pour l'élégant, ami zélé de son art; c'est là qu'il peut briller de son plus vif éclat; il

ne lui faut pour cela que de l'exacti-
tude au travail, de dévoués serviteurs,....
et cent mille livres de rentes!

Malheureusement il n'est pas permis
à tous les élégans de fréquenter les eaux.
Un *fashionable* de second ordre s'y perdrait. Tel qu'on a regardé à Paris comme
le favori de la mode, paraîtrait aux eaux
au-dessous de son siècle :

Tel brille au second rang qui s'éclipse au premier.

Il est donc imprudent aux élégans des
classes inférieures de risquer le voyage
des eaux. Il leur reste une autre ressource qui présente aussi des inconvé-
niens, c'est de visiter avec ces caravanes
de voyageurs citadins et amans passionnés
de la belle nature, les montagnes de la
Suisse; là comme aux eaux on rencontre
la meilleure société; là comme aux eaux on
se connaît en toilette; là comme aux eaux
on a le bon esprit de juger l'homme d'a-
près les lois de la mode; mais au milieu
des courses vagabondes de ces élégans
voyageurs, il est tellement impossible
d'être au courant des nouveautés pari-

siennes, qu'avec un peu de perspicacité et une collection de modes bien choisies, on peut tenter la campagne sans craindre de rester au-dessous des réputations les plus illustres.

PETITE MORALE

ou

CONCLUSION.

Nous touchons au terme de notre important travail. Heureux s'il a pu donner quelques utiles leçons à la classe intéressante des élégans. L'on a dû y voir du moins à combien de peines et de soins oblige cette profession que l'on a regardée jusqu'à ce jour, avec trop de légèreté, comme futile et inappliquée. Oui, nous le posons en fait, et les nombreux exemples que nous avons donnés doivent l'avoir démontré, il faut autant de travail pour devenir un élégant parfait ou *fashionable*, que pour parvenir au premier rang dans les sciences ou dans les arts;

peut-être aurons-nous applani quelques-
unes des nombreuses difficultés qui en-
travent cette route épineuse et brillante.

Il nous reste à repousser un sophisme
ancien et répandu qui paraît régner des-
potiquement aujourd'hui, avec toute la
force d'un vieux préjugé. Les philosophes
l'ont avancé, les moralistes l'ont accré-
dité, les économistes ont voulu le démontrer rigoureusement. Nous espérons
le déraciner complètement sous le triple
point de vue de la philosophie, de la morale et de l'économie politique.

Les *fashionables*, dit-on, sont inutiles et
même nuisibles, car ils consomment sans
produire et ils encouragent la production
de futilités au détriment de choses utiles.
Le luxe amollit, disent les philosophes
qui presque tous sont trop pauvres pour
avoir du luxe; le luxe pervertit en amol-
lissant, disent les moralistes; le luxe
ruine en pervertissant, disent les économistes. Courage, messieurs; le luxe est
donc l'anneau public qu'il faut chercher
à détruire : hélas! pourquoi plairait-il

tant à ceux même qui le décrient, s'ils étaient ou moins pauvres ou moins vieux ou plus favorisés des graces?

Les élégans ne consomment point sans produire. Qu'est-ce que produire? C'est créer une valeur. Qu'est-ce qu'une valeur? Une chose recherchée et appréciable en argent. Eh bien! messieurs, les graces que vous dédaignez ne sont-elles point une valeur? N'auriez-vous pas payé pour jouir de la société du duc de Lauzun ou de tel aimable *petit-maître*, de préférence à celle d'un pédant encroûté ou d'un de ces patriarches des champs que vous exaltez tant dans vos livres? L'élégant crée donc une valeur, la valeur la plus recherchée, le plaisir, les charmes de la société, valeur incalculable, richesse que tous vos systèmes échoueraient à faire naître; *donc* l'élégant est producteur; *ce qu'était à démontrer.*

Le *fashionable* produit et fait produire, et c'est à tort que l'on traite de futilités les objets qu'il consomme, car s'ils servent à ce grand but du plaisir, objet de vos recherches à tous, comme prouvé plus haut, ils sont une richesse véritable et la première de toutes les richesses. Le luxe amollit les mœurs, dit-on; il amollit, nous ne le nions pas; mais ne faut-il pas qu'il y ait dans une société des hommes de caractères différens? tout ne doit pas y être d'acier et de fer. Nous ne blâmons pas les rudes vertus de nos Spartiates, qu'on ne blâme pas les vertus aimables de nos élégans. D'ailleurs, plus d'un *fashionable* que l'on prendrait pour un être efféminé, si le bon ton et la toilette étaient des preuves de lâcheté, a montré dans l'occasion le cœur d'un héros et la tête d'un sage. Le luxe amollit, mais il ne pervertit pas; ce n'est pas du boudoir de Zelmire que sortent les méchans; trop occupés par leurs plaisirs et leur *sur-mérite*, nos élégans n'y rêvent ni à l'intérêt ni à l'ambition, ces deux sources des passions humaines et des mœurs dépravées.

Nous croyons avoir suffisamment relevé le caractère de nos élégans, pour qu'on ne puisse pas regarder comme futile un livre qui leur est exclusivement consacré, et nous pensons avoir acquis quelques droits à la reconnaissance en professant la science de plaire et l'art d'être heureux!

FIN.

AUDOT, ÉDITEUR,

RUE DES MAÇONS SORBONNE, N° 11, A PARIS.

OCTOBRE 1828.

Ouvrages nouveaux.

ENCYCLOPÉDIE POPULAIRE,

OU

LES SCIENCES, LES ARTS ET LES MÉTIERS

MIS A LA PORTÉE DE TOUTES LES CLASSES.

UN FRANC LE VOLUME,

vingt centimes de plus, franc de port, par la poste.

Les Traités se vendront séparément.

Une grande partie de ces Traités ne formeront qu'un volume ; mais lorsque l'importance de la matière l'exigera, plusieurs livraisons y seront consacrées.

Chaque volume contiendra 2 feuilles et demie environ d'impression, et 2 planches gravées, du format in-18, ou une de grandeur double. Quand un Traité nécessitera un grand nombre de planches, on établira une compensation telle, qu'une planche in-18 remplacera 6 pages de texte.

Les planches coloriées auront un prix relatif à l'importance du travail.

OUVRAGES EN VENTE.

Discours sur le but, les avantages et les plaisirs de la science; par M. Brougham, président de la Société pour la propagation des connaissances utiles, traduit de l'anglais par N. Boquillon ; 1 vol., 1 fr.

Traité d'Hydrostatique, ou de l'Équilibre des liquides, trad. par le même ; 1 vol. avec 2 grandes planches gravées, 1 fr.

Action de l'eau sous le rapport de la pression qu'elle exerce, et ressources qu'offre cette pression dans l'emploi d'agens mécaniques adaptés aux usines; théorie des pesanteurs spécifiques, son application spéciale à la découverte des falsifications des liquides, etc., etc.

Traité d'Hydraulique, ou du Mouvement et de la force des liquides, trad. par le même; 1 vol., 3 grandes planches, 1 fr.

Moyens d'élever et de conduire les eaux; théorie des pompes, des roues hydrauliques, etc.

Traité de Pneumatique, ou des Propriétés de l'air et des gaz, trad. par le même; 2 vol., 4 grandes planches, 2 fr.

Action mécanique de l'air; phénomènes qui accompagnent sa pression ou l'absence de cette pression. Moyens d'utiliser ces propriétés : complément de la théorie des pompes, etc.

Traité du calorique, ou de la nature, des causes et de l'action de la chaleur; traduit de l'anglais, revu par M. Desmarest; 3 vol. in-18, 2 gr. pl. grav., 3 fr.

La théorie de la chaleur est de la plus grande importance, surtout dans les arts où l'on n'emploie pas impunément cet agent puissant quand on ne connaît pas son mode d'action. La connaissance de ses phénomènes est indispensable dans toutes les classes de la société.

La machine à vapeur, leçons familières sur sa construction et la manière de la faire fonctionner, précédées d'un précis historique sur son invention et ses améliorations successives; par Dionysius Lardner, professeur de physique et d'astronomie à l'université de Londres, etc., etc.; traduit par M. E. Pelouze, auteur du *Maître de forges,* 4 vol. in-18 ornés de 12 gr. planch. gravées, 4 fr.

Géométrie de l'ouvrier, ou application de la règle, de l'équerre et du compas à la solution des problèmes de la géométrie ; par E. Martin, professeur de sciences physiques, 1 vol. in-18, pl. grav., 1 fr.

Traité de mécanique pratique, traduit de l'anglais par N. Boquillon, 7 vol. avec 14 gr. planch. gravées, 7 fr.

Cet ouvrage, destiné à rendre les principes de la mécanique tout-à-fait populaires, est indispensable à tous ceux qui veulent construire des machines, comme à tous ceux qui en ont la direction ou la surveillance.

Le toisé des bâtimens, ou l'Art de se rendre compte et de

mettre à prix toute espèce de travaux. Ouvrage indispensable aux architectes, constructeurs et propriétaires ; par L.-T. Pernot, architecte, expert près les tribunaux ;
1re partie, *Maçonnerie*, 1 vol., fig., 1 fr.
2e partie, *Charpente*, 1 vol., 1 fr.
3e partie, *Serrurerie*, 1 vol., 1 fr.
4e partie, *Couverture et Carrelage*, 1 vol., 1 fr.
5e partie, *Menuiserie*, 2 vol., 2 fr.
Les volumes suivans seront mis en vente successivement : *Marbrerie*, 1 vol. ; *Peinture, Dorure, Tenture et Vitrerie*, 1 vol. ; *Plomberie et Fontainerie*, 1 vol. ; *Terrasse, Pavage, Vidange de fosses*, 1 vol.

rt de fabriquer en pierre factice, très dure, et susceptible de recevoir le poli, des bassins, conduites d'eau, dalles, enduits pour les murs humides, caisses d'orangers, tables à compartimens, mosaïques, etc. ; de jeter en moules des vases, colonnes, statues et autres objets d'utilité et d'ornement ; par M. E. Pelouze, auteur du *Maître de forges* ; 1 vol., grande planche, 1 fr.

e *Fumiste*, art de construire les cheminées, de corriger les anciennes, et de se garantir de la fumée ; par M. E. Pelouze ; 1 vol., 2 grandes planches, 1 fr.

rt du chauffage domestique et de la cuisson économique des alimens ; par M. E. Pelouze ; 1 vol., 2 gr. planches, 1 fr.

rt de construire les fourneaux d'usines de la manière la plus économique et la plus avantageuse pour l'emploi des combustibles ; par M. E. Pelouze ; 2 vol., 4 planches gr., 2 fr.

rt de prévenir et d'arrêter les incendies, par M. ***, revu et augmenté par M. Eyerat, ex-officier de sapeurs-pompiers ; 1 vol., grande planche gravée, 1 fr.

rt du menuisier en bâtimens et en meubles, suivi de l'*Art de l'ébéniste*. Ouvrage contenant des élémens de géométrie descriptive appliquée au trait du menuisier, de nombreux modèles d'escaliers, l'exposé de tout ce qui a été récemment inventé pour rendre l'outillage parfait, des notions fort étendues sur les bois, sur la manière de les colorer, de les polir, de les vernir, et sur leur placage. 3e édition, entièrement refondue et considérablement augmentée, par M. A. Paulin Desormeaux, auteur de l'*Art du tourneur*; 20 livraisons à 1 fr.

70 planches, grand format, ornent cet ouvrage.

Art de fabriquer les couleurs et vernis, de préparer les huiles, etc., pour tous les genres de peinture ; 2 vol., 1 gr. planche gravée, 2 fr.

Art de la peinture en bâtimens, et des décors, y compris le badigeon et la tenture des papiers, à l'usage des ouvriers et des propriétaires ; par Doublette-Desbois, peintre-vitrier ; 2 vol., 2 gr. planches gravées, 2 fr.

Art du vitrier, par le même ; 1 vol., pl. gr., 1 fr.

Art de l'ornemaniste, du stucateur, du carreleur en pavés de mosaïque et du décorateur en divers genres, par M***; 1 vol., 2 planch. grav., 1 fr.

Chimie du teinturier ; par E. Martin, ancien professeur de sciences physiques, directeur de teintureries à Louviers et à Elbeuf ; 1 vol., 1 fr.

Art de la teinture des laines, par le même ; 1 vol., 1 fr.

Art de la teinture de la soie, du coton, du lin et des toiles imprimées ; par le même, 1 vol., 1 fr.

Art de Dégraisser et de remettre à neuf les tissus, par le même, 1 vol., 1 fr.

Art de fabriquer les savons, mis à la portée des ménages; par M. Dussart, 1 vol., 1 fr.

Manuel du marchand papetier dans la préparation des plumes à écrire, des encres noires, de couleur, de la Chine, de celle propre à marquer le linge, etc. ; des cires et pains à cacheter, des colles à bouche et autres ; des crayons, de la sandaraque, des sables de couleur, du papier-glace et des différens papiers à calquer; des papiers glacé, huilé, à dérouiller, etc., etc. ; suivi d'un tableau de tous les formats de papier avec leurs mesures ; 2 vol., 2 fr.

Art de la réglure des registres et papiers de musique. Méthode simple et facile pour apprendre à régler, contenant la fabrication et le montage des outils fixes et mobiles, la préparation des encres et différens modèles de réglures ; suivi de l'*Art de relier les registres*. Ouvrage utile aux papetiers, imprimeurs, relieurs, etc. ; par Méguin, régleur et typographe ; 2 vol., fig., 2 fr.

Récréations tirées de l'art de la vitrification. Moyens curieux, simples et peu coûteux d'exécuter sur verre des peintures, dorures, jaspures, herborisations, gravures, etc. ; de composer des colliers filigranes, plumets, empreintes pierres gravées, faux camées, perles, verres colorés de tous genres, émaux, petites figures, yeux en émail pour les animaux conservés, incrustations, etc., etc., recueillis par M. E. Pelouze, ancien officier de la manufacture des glaces de Saint-Gobin ; 2 vol. avec 3 gr. planches, dont une coloriée, 2 fr. 5o cent.

Méthode certaine et simplifiée de soigner les abeilles pour les conserver et en tirer un bénéfice assuré ; par M. Féburier, de la Soc. d'agric. de Seine-et-Oise, etc. ; 1 vol., fig., 1 fr.

Histoire naturelle des abeilles, suivie de la manipulation et de l'emploi de la cire et du miel, pour servir de complément à la *Méthode de soigner les abeilles*; par le même, 1 vol., 1 fr.

Manuel pour l'éducation des vers à soie et la culture du mûrier, et moyens de les acclimater dans les différentes contrées de l'Europe ; par J.-M. Rédarès, du Gard, 2 vol., fig., 2 fr.

Pharmacie domestique, contenant la préparation des médicamens et l'indication des premiers secours à donner aux malades, à l'usage des personnes bienfaisantes; 2 vol., 2 fr.

Notions élémentaires de perspective linéaire, et Théorie des ombres ; par M. Richard, 1 vol., fig. 1 fr.

LE GUIDE DE LA MÉNAGÈRE.

Sous ce titre sera publiée une collection d'ouvrages utiles qui accompagneront l'*Encyclopédie populaire*.

En vente.

Choix des alimens, leurs qualités, leurs effets, l'usage que l'on en doit faire selon l'âge, le sexe, le tempérament, la profession, les saisons, les climats, les habitudes, les maladies, etc.; par M. A. Gautier, docteur en médecine, 1 vol., 2 fr.

Art de la conservation des substances alimentaires, 1 vol., 1 fr.

La Laiterie. Art de traiter le laitage, le beurre, les fromages, 1 vol., 1 fr.

La Cuisinière des petits ménages, 1 vol., 1 fr.

Art du blanchissage domestique d'après les procédés anglais et français, comprenant le travail de la blanchisseuse en fin, des savonnages simples, la mise au bleu, l'empesage, le repassage, le pressage et le calandrage du linge, le nettoyage et la remise à neuf des dentelles, blondes, tulles, gazes et bas de soie; par madame Pelouze; 1 vol., 2 gr. planches gravées, 1 fr.

LE GUIDE DES DAMES ET DES DEMOISELLES.
Autre collection.

En vente.

Art de la couturière en robes, par madame Burtel, 1 vol. in-18, fig., 1 fr.

Art de faire les corsets, les guêtres et les gants; par la même, 1 vol., fig., 1 fr.

AUTRES OUVRAGES NOUVEAUX.

Art de construire en cartonnage toutes sortes d'ouvrages d'utilité et d'agrément; 8 planches gravées, 1 vol. in-18, 2 fr., port 25 cent.

Art de fabriquer toutes sortes d'ouvrages en papier, pour l'instruction et l'amusement des jeunes gens des deux sexes; 22 planches gravées, 1 vol. in-18, 2 fr. 50 cent., port 50 c.

Gymnastique des jeunes gens, ou Traité des exercices propres à fortifier le corps, entretenir la santé et préparer un bon tempérament; 1 vol. in-18 orné de 33 planches, 2 fr. 50 c.

Calisthénie, ou Gymnastique des jeunes filles. Traité des exercices propres à fortifier le corps, entretenir la santé et préparer un bon tempérament; 1 vol. in-18 orné de 25 planches gravées, 2 fr. 50 cent., port 50 cent.

Chimie récréative, par M. Desmarest, professeur de chimie et de physique, 1 vol. in-8°.

Art de peindre à l'aquarelle, enseigné en 28 leçons, trad. de l'anglais de Thomas Smith, et orné de 19 grav. coloriées; 1 vol. in-4°, format d'album, 15 fr.

Principes de miniature, Méthode pour les personnes qui veulent peindre seules, par madame Castal-Laederich, élève de M. Augustin, peintre du Roi. 1 vol. in-8°, fig. color.

Musée de peinture et de sculpture, ou Recueil des principaux tableaux, statues et bas-reliefs des collections publiques et particulières de l'Europe, dessiné et gravé à l'eau-forte par Reveil; avec des notices descriptives, critiques et historiques, par Duchesne aîné. 1 fr. la livraison de 6 planches et

6 feuillets de texte en français et en anglais, sur format petit in-8°. Une livraison est mise en vente tous les dix jours, depuis le 1er janvier 1828.

Cet ouvrage est gravé avec un soin extrême et d'après des dessins qui rendent le trait et le caractère des originaux avec la plus grande fidélité.

Faust, 26 jolies gravures d'après les dessins de Retzsch, 2e édition, augmentée d'une analyse du drame de Goëthe; par madame Elise Voïart, auteur des *Six Amours*, 1 vol. in-16, 2 fr. 50 c. L'analyse séparément 50 c.

Galerie de Shakspeare, dessins pour ses œuvres dramatiques, gravés à l'eau-forte d'après Retzsch. 1re série, *Hamlet*, 17 dessins, 2 fr.

La publication d'*Hamlet* sera suivie de celles de *Macbeth*, *Le Roi Lear*, *Othello*, *Romeo et Juliette*, et des autres ouvrages dramatiques de l'Eschyle anglais. Un texte donnera l'explication des planches. Chaque série contiendra les dessins d'une des pièces de Shakspeare, et se vendra séparément.

Le talent de M. Retzsch, professeur à l'académie de peinture à Dresde, est déjà connu par les dessins pleins d'expression qu'il a faits pour les œuvres de Goëthe et de Schiller. Son *Faust* lui a valu une réputation européenne.

Fridolin, 8 dessins de Retzsch, avec une traduction littérale, et vers par vers, de la ballade de Schiller intitulée *Fridolin oder der gang nach dem eisenhammer*, par madame Elise Voïart, 1 vol. in-16, pap. vélin, 2 fr.

Le Dragon de l'île de Rhodes, 16 dessins de Retzsch, avec une traduction littérale, et vers par vers, de la ballade de Schiller intitulée *Der kampf mit der drachen*, par madame Elise Voïart, 1 vol. in-16, pap. vélin, 2 fr.

Ces jolis volumes réunissent la grâce du dessin, la perfection de la gravure; et, comme le Musée du même éditeur, le prix extrêmement modique.

Manuel de numismatique ou *Connaissance des médailles*. Méthode simplifiée pour étudier, reconnaître, classer les médailles et apprécier leur valeur; par M. Dumersan, du cabinet des médailles et antiques de la Bibliothèque du Roi. Cet ouvrage formera plusieurs volumes, qui vont paraître successivement.

PETITE BIBLIOTHEQUE UTILE ET AMUSANTE.

Sous ce titre sera publiée une série d'ouvrages.

En vente.

Bréviaire du gastronome, ou l'Art d'ordonner le dîner de chaque jour, suivant les différentes saisons de l'année, avec figures coloriées dessinées par M. Henri Monnier; 2ᵉ édit. augmentée de plusieurs menus, 1 vol. in-18, 2 fr.

Manuel de l'amateur d'Huîtres, contenant l'histoire naturelle de l'huître, une notice sur la pêche, le parcage et le commerce de ce mollusque, et des dissertations hygiéniques et gourmandes sur l'huître considérée comme aliment, avec figures coloriées dessinées par M. Henri Monnier; 1 vol. in-18, 2 fr., port 25 cent.

Manuel de l'amateur de Café, ou l'Art de prendre toujours de bon café, dédié aux gourmets et aux bonnes ménagères, avec fig. par le même artiste; 1 vol., 2 fr., port 25 cent.

Manuel du marié, ou Guide à la mairie, à l'église, au festin, au bal, etc., etc, précédé d'une Histoire du mariage chez les peuples anciens et modernes; publié par Alexandre Martin, avec 4 figures par le même; 1 vol. in-18, 2 fr.

Traité médico-gastronomique sur les indigestions, suivi d'un essai sur les remèdes... à administrer en pareil cas. Dédié aux gourmands de tous les pays. Ouvrage posthume de feu Dardanus, ancien apothicaire; 1 vol. in-18, avec figures par le même. 2 fr., port 25 cent.

Traité complet sur l'éducation physique et morale des chats, suivi de l'art de guérir les maladies de cet animal domestique; par Catherine Bernard, portière, 1 vol. in-18, 1 fr.

AUTRES OUVRAGES RÉCEMMENT PUBLIÉS.

Le Vignole de poche, ou Mémorial des artistes, des propriétaires et des ouvriers; édition augmentée de plusieurs figures, et d'un *Dictionnaire portatif d'Architecture*, par Urbain Vitry, architecte; 1 vol. in-16, orné de 55 planches: avec le Dictionnaire 5 fr., sans le Dictionnaire 4 fr.; port 50 c.

On vend séparément, *le Dictionnaire portatif d'Architecture* et des mots qui en dépendent, tels que ceux de la maçon-

nerie, de la charpenterie, de la menuiserie, de la serrurerie, etc. ; 1 vol. in-16, 2 fr.; port 25 c.

Le Propriétaire architecte, contenant des modèles de maisons
de ville et de campagne, de remises, écuries, etc., ainsi
qu'un *Traité d'Architecture et de Construction* : ouvrage utile
aux entrepreneurs de bâtimens, aux architectes et ingé-
nieurs, et principalement *aux personnes qui veulent diriger
elles-mêmes leurs ouvriers*; par M. Urbain Vitry, architecte.
Cent gravures exécutées par M. Hibon, architecte-graveur,
ajoutent encore à l'utilité de cet excellent Traité.

L'ouvrage a été publié en 4 livraisons de format in-4°. Le
prix des 3 premières est de 8 fr. chacune. La 4°, contenant le
Traité d'Architecture et de Construction, avec 18 planches, 16 fr.

*Traité sur le chauffage des serres et habitations au moyen d'appa-
reils à la vapeur*, traduit de l'anglais de Bayley ; 1 vol. in-8°,
avec 4 gr. planches , dont une coloriée, 5 fr. ; port 1 fr.

L'art du Tourneur, par M. Paulin Desormeaux ; 2 vol. in-12,
avec un volume grand in-4° contenant 36 planches , dont
quatre doubles et deux coloriées, 24 fr.; port 5 fr.

Principes de l'art du Tour, extraits de l'ouvrage de M. Paulin
Desormeaux ; 1 vol., 6 planch. grav. , 3 fr. 50 c., port 1 fr.

Petite Encyclopédie des habitans de la campagne, 2° édition, contenant des instructions élémentaires sur l'univers, le mouvement des astres, les saisons, la physique, la mécanique
et la chimie; l'histoire naturelle de la terre, de l'air, des
animaux, des plantes; l'histoire de l'agriculture ; tous les
travaux agricoles et domestiques divisés mois par mois ; par
M. Deslandes; 1 gros vol. , 5 fr., port 1 fr. 30 c.

La Maison de Campagne, par madame Aglaé Adanson ; 2 vol.
in-12, fig., 6 fr., port 2 fr.

Cet ouvrage enseigne tout ce qui doit se pratiquer dans
une maison de campagne.

Manuel de la Maîtresse de Maison, par madame Pariset. 3° édition ; 1 vol. in-18, fig., 3 fr., port 50 c.

L'art du Taupier, ou Méthode amusante et infaillible pour
prendre les Taupes , par M. Dralet; ouvrage publié par
ordre du gouvernement. 14° édition; 1 volume, fig., 1 fr.

Traité de l'éducation des animaux domestiques; moyens les plus
simples et les plus sûrs de les multiplier, de les entretenir
en santé et d'en tirer le plus d'avantages possibles; par
M. Thiébaut de Berneaud; 2 vol. in-12, 10 planches , 7 fr.

Traité des oiseaux de basse-cour ; 1 vol., fig., 2 fr. 50 c., port 50 c.

Art d'élever les lapins et d'en tirer un grand profit ; 1 vol. 1 fr.

La Cuisinière de la Campagne et de la ville, ou *la Nouvelle Cuisine économique*, précédée d'instructions sur la dissection des viandes à table, et suivie de recettes précieuses pour l'économie domestique, et d'un Traité sur les soins à donner aux caves et aux vins ; 9 planches gravées, dont une coloriée. 7e édition ; 1 vol., 3 fr., port 1 fr.

La Charcuterie, Art de saler, fumer, apprêter et cuire le cochon et le sanglier. 2e édition ; 1 vol., 1 fr., port 25 c.

La Pâtissière de la campagne et de la ville, suivie de l'Art de faire le pain-d'épice, les gaufres, oublies, etc.; 1 vol., 1 fr., 50 c.

Art de conserver et d'employer les fruits, de les dessécher et confire, de composer les liqueurs, vins liquoreux artificiels, sirops, glaces, boissons de ménage, etc. 2e édit. ; 1 vol., 1 fr. 50 c., port 30 c.

Les Amusemens de la campagne, contenant : 1º La description de tous les jeux qui peuvent ajouter à l'agrément des jardins, servir dans les fêtes de famille et de village, et répandre la joie dans les fêtes publiques; 2º L'histoire naturelle, les soins qu'exige la volière, l'art d'empailler les animaux ; le Jardinage, la Pêche, les diverses Chasses, la Navigation d'agrément ; des récréations de Physique ; des notions de Géométrie pratique, d'Astronomie, de Gnomonique ; des principes de Gymnastique amusante, d'Équitation, de Natation, de Patinage ; des leçons sur les arts de la Menuiserie, du Tour, du Dessin, de la Perspective, etc., et généralement tout ce qui peut contribuer à charmer les loisirs de ceux qui habitent la campagne. Recueilli par plusieurs amateurs. 4 vol. in-12, ornés d'un grand nombre de fig., 15 fr., port 5 fr.

Les pigeons de volière et de colombier, manière d'établir des colombiers et volières ; d'élever, soigner les pigeons, etc., 1 vol. in-8º, 25 pigeons en couleur, 12 fr.; fig. noires, 6 fr.; port. 1 fr. 50 c.

Traité des oiseaux de chant, des pigeons de volière, du perroquet, du faisan, du cygne et du paon ; 1 vol. in-12, 38 fig. d'oiseaux, 3 fr., port 75 c.

Traité des chasses aux piéges, contenant la description de tous les piéges, et la manière de prendre les lièvres et les lapins, et les diverses espèces d'oiseaux qui se trouvent en France ; par les auteurs du *Pêcheur français*, orné d'un grand nombre de planches ; 2 vol. in-8º, 10 fr., port 2 fr.

Traité complet de la chasse au fusil, manière d'élever et d'instruire les chiens de chasse, et de soigner leurs maladies ; principes pour bien tirer, etc.; par une société de chasseurs. 1 gros vol. in-12, 8 planches gravées, 5 fr., port 1 fr. 50 c.

Art de faire à peu de frais les feux d'artifice pour les fêtes de famille. 3e édition ; 1 vol., 10 planches, 1 fr. 80 c.

Cet ouvrage contient aussi la description de l'art de fabriquer le salpêtre et la poudre.

Le Pêcheur français. Traité de la Pêche à la ligne et aux filets ; histoire naturelle des Poissons ; manière de pêcher ; art de fabriquer les filets ; par M. Kresz aîné. Orné de beaucoup de figures ; 1 vol. in-12, 5 fr., port 1 fr.

La Pêche à la ligne, par M. P. Desormeaux, extraite des *Amusemens de la campagne* ; 1 vol., fig., 3 fr., port 75 c.

Le Cabinet d'Histoire Naturelle, formé des productions du pays que l'on habite, avec la méthode de classement, l'art d'empailler les animaux et de conserver les plantes et les insectes. Dédié à M. le baron Cuvier. 2 vol. in-18, fig., 6 fr.

Traité sur la composition et l'ornement des Jardins, avec 97 planches représentant des plans de jardins, des fabriques propres à leur décoration, et des machines pour élever les eaux. 3e édition, entièrement refaite, et augmentée de beaucoup de figures d'après les dessins de M. Auguste Garnerey et autres artistes distingués ; 1 vol. in-4°, 20 fr., port 5 fr.

Le bon Jardinier, contenant des principes généraux de culture ; l'indication, mois par mois, des travaux à faire dans les Jardins ; la Description, l'Histoire et la Culture particulière de toutes les Plantes potagères, économiques ou employées dans les arts; de celles propres aux Fourrages ; des Arbres fruitiers ; des Ognons et Plantes à fleurs ; des Arbres, Arbrisseaux et Arbustes utiles ou d'agrément ; suivi d'un Vocabulaire des termes de Jardinage et de Botanique, d'un Jardin des Plantes médicinales, et précédé d'une Revue de tout ce qui a paru de nouveau en jardinage pendant le cours de l'année : par A. Poiteau et Vilmorin. 1 très gros vol. in-12 de plus de mille pages, avec figures, 7 fr., port 2 fr. 25 c.

Figures pour le bon Jardinier, représentant, en 51 planches contenant plus de 400 objets, les ustensiles de tous genres employés dans la culture des jardins ; manières de marcotter, greffer, former les arbres fruitiers ; modèles de châssis, bâches, serres, orangeries, etc. Ouvrage utile à tou ceux qui veulent cultiver ou gouverner leur jardin, et se familiariser, sans application, avec la Science de la botanique 7ᵉ édition, revue, corrigée et augmentée; 1 vol. in-12, 4 fr. port 50 c.

Le Jardinier des fenêtres, des appartemens et des petits jardins, 2ᵉ édition; 1 vol., 2 planches, 2 fr., port 50 c.

La Botanique des Dames; 3 vol. in-18, 9 fr., port 1 fr.

Flore de la Botanique des Dames; 1 vol. in-18, cartonné. Fig. noires, 9 fr.; fig. coloriées, 20 fr.; port 3 fr.

La Flore et la Botanique se vendent séparément: cette dernière peut être utile et agréable à tous les amateurs de fleurs

Le langage des fleurs, par madame Charlotte de Latour. 3ᵉ édition; 1 vol. in-18, orné de 15 gravures charmantes. Figures noires, 6 fr.; figures coloriées, 12 fr.; port 75 cent.

Manuel des plantes médicinales. Descriptions, Usages et Culture des végétaux employés en médecine; manière de les recueillir, conserver, préparations qu'on leur fait subir, doses auxquelles on les administre; leurs propriétés, temps de leur floraison, récolte; lieux où ils croissent naturellement, etc. Par A. Gautier, docteur en médecine. 1 vol. in-12 de 1140 pag., figure, 10 fr., port 2 fr. 50 c.

Herbier médical. Collection de figures représentant les plantes médicinales indigènes. *Supplément au Manuel des Plantes médicinales* et à tous les Traités et Dictionnaires d'histoire naturelle ou des plantes: 214 figures. in-12, figures noires, 15 fr.; in-12, figures coloriées, 40 fr.; in-8°, figures coloriées, 50 fr.; port 1 fr. 25 cent.

La toilette des Dames, par madame Élise Voïart; 1 vol. in-18, avec une jolie gravure, 3 fr., port 50 c.

Recueil des plus jolis jeux de société; 1 vol. in-12, fig., 2 fr.

Principes de logique, ou Art de penser, de Rhétorique, de Versification, de Lecture à haute voix, et de Déclamation; par M. Cœuret de St.-Georges, avocat; 1 vol. in-18, 3 fr.

Histoire de la Musique, par madame de Bawr; 1 vol. in-12, fig., 4 fr., port 1 fr.

Essai sur la danse antique et moderne, par madame Élise Voïart; 1 vol. in-12, fig., 4 fr., port 1 fr.

Atlas universel de Géographie ancienne et moderne, dressé par M. Perrot; 1 vol. cartonné, 9 fr.

DE L'IMPRIMERIE DE LACHEVARDIÈRE,
RUE DU COLOMBIER, N° 30, A PARIS.